BRUNO CARNEIRO LIRA (org.)

REFLEXÕES LINGUÍSTICAS

Paulinas

Dados Internacionais de Catalogação na Publicação (CIP)
(Câmara Brasileira do Livro, SP, Brasil)

Reflexões linguísticas / Bruno Carneiro Lira, (org.). – São Paulo :
Paulinas, 2014. – (Coleção comunicar)

Vários autores.
ISBN 978-85-356-3820-2

1. Língua portuguesa 2. Linguística 3. Linguística – História
I. Lira, Bruno Carneiro. II. Série.

14-08647   CDD-410

Índice para catálogo sistemático:

1. Linguística   410

1ª edição – 2014

Direção-geral: *Bernadete Boff*
Editora responsável: *Roseane do Socorro Gomes Barbosa*
Copidesque: *Ana Cecilia Mari*
Coordenação de revisão: *Marina Mendonça*
Revisão: *Sandra Sinzato*
Gerente de produção: *Felício Calegaro Neto*
Capa e diagramação: *Jéssica Diniz Souza*
Imagem de capa: *Fotolia* – © *auris*

*Nenhuma parte desta obra poderá ser reproduzida ou transmitida
por qualquer forma e/ou quaisquer meios (eletrônico ou mecânico,
incluindo fotocópia e gravação) ou arquivada em qualquer sistema ou
banco de dados sem permissão escrita da Editora. Direitos reservados.*

Paulinas
Rua Dona Inácia Uchoa, 62
04110-020 – São Paulo – SP (Brasil)
Tel.: (11) 2125-3500
http://www.paulinas.org.br – editora@paulinas.com.br
Telemarketing e SAC: 0800-7010081
© Pia Sociedade Filhas de São Paulo – São Paulo, 2014

Dedicamos este livro
aos amantes da Língua Portuguesa.

Oh! Bendito o que semeia livros...
Livros à mão-cheia...
E manda o povo pensar!
O livro, caindo n'alma,
é germe – que faz a palma,
é chuva – que faz o mar.

CASTO ALVES

A leitura bem-sucedida (...)
é uma ação criadora
na qual jogo e fantasia coincidem.
É ultrapassar os obstáculos necessários,
é colocar em ato o espírito da invenção.
O livro é espetáculo,
abertura de perspectiva e coroamento
de um jogo imaginário.
Ele é em definitivo o nascimento do mundo,
aterrissagem num lugar de delícias:
O paraíso verde do espírito,
o termo e o receptáculo de uma aventura única.

JEAN PERROT

Sumário

Apresentação 11
Bruno Carneiro Lira

Preâmbulo – Meu ideal seria escrever 25
Judite Maria Botafogo de Santana Silva

Capítulo 1 – Uma viagem pelos textos em dois "versos" de prosa 31
Bruno Carneiro Lira

Capítulo 2 – A língua portuguesa no mundo 63
Nelly Medeiros de Carvalho

Capítulo 3 – Língua portuguesa e Literatura brasileira 81
Marta da Silva Aguiar e Lívia Suassuna

Capítulo 4 – Relação oral-escrita e o contexto linguístico e visual nas histórias em quadrinhos 121
Allyson Ewerton Vila Nova Silva, Wagner Teobaldo Lopes de Andrade, Francisco Madeiro B. Junior e Marígia Ana de Moura Aguiar

Capítulo 5 – A palavra gera o texto, o contexto influencia o texto ... 141
Adelma Campelo César e Ângela Cristina Pascaretta Gallo

Capítulo 6 – A intertextualidade e a construção
da leitura e escrita na escola 171
Inaldo Firmino Soares

Capítulo 7 – Interpretando os gêneros textuais circulantes
na sociedade hodierna 197
Rafael Camelo Lins

Capítulo 8 – A importância da literatura para o ato
de escrever com autonomia 225
Roberto Nogueira

Capítulo 9 – Panorama das grandes correntes linguísticas
do século XX 245
Bruno Carneiro Lira

O último verso 257
Bruno Carneiro Lira

Apresentação

BRUNO CARNEIRO LIRA

O presente compêndio, fruto da reflexão de vários autores, em sua maioria professores universitários que trabalham com a Língua Portuguesa, tem por finalidade básica: a aquisição da leitura e da escrita, com fluência e desenvoltura. Além do mais, traz reflexões maduras que são fruto de pesquisas que muito irão contribuir para o progresso da ciência linguística, como também para as práticas de ensino e aprendizagem do ato de ler e escrever bem.

Em primeiro lugar, o livro apresenta um texto intitulado: "Meu ideal seria escrever", de Judite Maria Botafogo de Santana Silva, que colocamos como preâmbulo, pois motiva-nos a uma reflexão sobre o ato de escrever. A autora mostra o seu profundo respeito para com os leitores, pois coloca nas mãos destes todas as interpretações possíveis para a compreensão e interpretação dos textos; já que, segundo ela, "a escritura abre a linguagem à infinitude". Ela toma o ato de escrever nos moldes poéticos, enfatizando o texto como o lugar da escritura. Um preâmbulo que, com certeza, irá motivar os leitores a desejar escrever.

O primeiro capítulo, de minha autoria, deseja fazer um passeio pelos vários tipos de textos que circulam em nosso dia a dia, desde o momento em que despertamos até o anoitecer. Mostra a importância das funções da linguagem e, depois, se detém em aprofundar os textos mais presentes na nossa vida, em suas modalidades orais e escritas e nas diversas formas discursivas. Traz exemplos iconográficos e verbais com a presença de análises, fazendo despertar no leitor um novo olhar, mais investigativo e crítico, sobre os textos produzidos que nos circundam a todo instante. No que se refere à oralidade trata das propagandas políticas veiculadas pela mídia, dos sermões (homílias) feitos nas igrejas, dos gêneros dos tribunais do júri, como também dos gêneros veiculados pelos telejornais, novelas e filmes. Comenta, ainda, o gênero fofoca e a conversa entre amigos, como também a teleconferência (IP.TVs) como gênero do mundo digital. No que se refere ao discurso acadêmico, aprofunda a aula, a palestra (conferência), a comunicação oral em congressos e o discurso de formatura. Na sua forma escrita, apresenta os gêneros da Bíblia, os textos acadêmicos como: monografias, teses, dissertações, artigos, resenhas; e, ainda, receitas culinárias, vários gêneros dispostos em jornais e revistas, rótulos, jornalzinho da Igreja Católica, letra de música, poema, panfletos de propagandas e gêneros do discurso jurídico como: atestado, contrato e termo de cessão – todos com comentários e abertura para novas interpretações, visto muitos deles serem polissêmicos.

Pensamos que, conhecendo bem os textos que nos rodeiam, poderemos, com prazer, ler e escrever com desenvoltura.

Apresentação

O objetivo de nossa obra, como já mencionei, é motivar a leitura e escritura da Língua Portuguesa com fluência e maturidade linguística, sobretudo no que se refere a seus aspectos semânticos. Por isso, fez-se necessário, já no segundo capítulo, apresentar a nossa língua materna no seu contexto internacional. É o que faz, com maestria, a pesquisadora e professora universitária, Nelly Medeiros de Carvalho, ao tratar do português pelo mundo. Sabe-se que, para ler e escrever bem, é de suma importância o conhecimento da história da língua, pois, conhecendo as origens dos vocábulos e a adequação cultural da linguística, tais atitudes linguageiras tornam-se mais inteligíveis e fáceis de serem manipuladas, uma vez que são habilidades e competências que se adquirem com a prática e o tempo.

Em seu texto, a autora afirma que a Língua Portuguesa falada no Brasil possui dois estilos: um inspirado em Gilberto Freyre e outro em Sérgio Buarque de Holanda. Diz ela:

> o primeiro dedicou-se a construir uma antropologia existencial do Nordeste açucareiro em livros notáveis como *Casa-grande & Senzala* e *Sobrados e Mocambos*. O outro descreveu com minúcia e elegância os hábitos do sertanejo luso-tupi em análises pioneiras de nossa cultura material (*Caminhos e fronteiras*), depois de ter empreendido uma síntese do processo colonizador em *Raízes do Brasil*.

Outra questão importante apresentada neste artigo é a tendência nordestina de transformar o "g" em "x", o que se explica pela colonização realizada por imigrantes do Norte de Portugal, da região do Douro e do Minho, com forte influência galega. Assim, podem-se explicar as transformações, entre outras, como *oxente* (ó gentes) e *Vixe* Maria (Virgem Maria), usadas como interjeição. Essas formas de transplantação da língua também têm influência na leitura e na escrita.

No terceiro capítulo, de autoria de Marta da Silva Aguiar e Lívia Suassuna, deparamo-nos com uma experiência didática de sucesso realizada em uma escola da região metropolitana da cidade do Recife, mais precisamente do município de Abreu e Lima, em uma turma do 9º ano do Ensino Fundamental. As autoras iniciam mostrando a passagem do modelo tradicional de leitura e escritura para a perspectiva interacionista de língua e linguagem. Afirmam que nas aulas de Língua Portuguesa não se deve ensinar, apenas e exclusivamente, a metalinguagem, mas sim priorizar a reflexão sobre o funcionamento da língua. Na primeira parte do artigo, encontramos uma leitura da realidade da turma pesquisada, inclusive da prática pedagógica do professor titular da mesma. As autoras propuseram para a referida turma um projeto didático de intervenção sobre o tema: "Produção de memórias: sua importância para a compreensão do sujeito". Elas observam que na prática do professor falta planejamento adequado, pois, nas aulas privilegia apenas a língua enquanto código, e, ainda, que ele não tem segurança no gênero textual: memórias, que fazia parte constante de sua didática. Para a execução do novo projeto a ser aplicado na turma, foram escolhidos três gêneros textuais: crônica, conto e memória, levando em conta os conhecimentos prévios dos alunos. O gênero memória foi trabalhado dentro da crônica e, em seguida, aprofundou-se os elementos das narrativas presentes nos contos. A análise linguística foi ressignificada a partir de textos e não de segmentos isolados (descontextualizados), e muitos desses textos eram produções dos próprios alunos. Estudaram-se as variações dos tempos verbais, a formatação do parágrafo, os adjetivos e advérbios, sempre com aplicação em textos reais. Trabalhou-se, também, o aspecto da oralidade com discussões em grupos dos próprios textos dos alunos que, depois de revistos, eram reescritos. Os três gêneros textuais propostos foram estudados a partir do tripé: leitura, produção textual e análise linguística. Os anexos trazem textos produzidos pelos alunos e foram motes de ensino na situação didática, com reescritas e aprimoramentos feitos pela turma em estudo.

    O capítulo seguinte, dos autores Allyson Ewerton Vila Nova Silva, Wagner Teobaldo Lopes de Andrade, Francisco Madeiro B. Junior e Marígia Ana de Moura Aguiar, fala da importância das histórias em quadrinhos para o desenvolvimento da leitura e, consequentemente, da boa escritura entre os usuários da língua. Tanto os desenhistas como os escritores e leitores estão envolvidos na interpretação das mensagens contidas nos quadrinhos. Sendo um gênero textual de forte circulação social, integra-se às outras formas de arte como: a ilustração, a fotografia, a literatura e o cinema. Os autores também comentam sobre a importância dos fatores da textualidade: coesão, coerência, intencionalidade, aceitabilidade, situacionalidade, intertextualidade e informatividade; mostrando como eles se realizam no referido gênero de texto. Afirmam, ainda, algo de muito importante para o estudo e entendimento dos textos, que são os conhecimentos compartilhados entre autor e leitor/ouvinte. Evidenciam a importância dos contextos de enunciação dos textos citando Bentes (2004),[1] e defendem que os fatores cognitivos, socioculturais e interacionais influenciam no ato interpretativo. Os autores afirmam: "Como se pode ver, o contexto mostra-se fundamental na confecção e interpretação dos textos, sejam eles escritos, orais (DASCAL; WEIZMAN, 1987)[2] ou mesclando as duas possibilidades, como acontece nos quadrinhos. Toda uma atmosfera é montada para a História em Quadrinhos (HQs), ressaltando, além dos aspectos contextuais e situacionais, a importância do conhecimento de mundo e aceitabilidade, adquirindo uma "configuração puramente gráfica na qual se utilizam textos escritos para a representação da oralidade dentro dos balões da fala". Na realidade, os autores do presente capítulo desejam mostrar como se produz (escreve) um texto utilizando as duas modalidades da linguagem: a verbal e a não verbal, apresentando a história em quadrinhos como texto prioritariamente narrativo. Interessante notar que nas HQs uma mesma imagem pode mudar de sentido a partir da trova dos enunciados linguísticos. Finalmente, refletem

---

[1] BENTES, A. C. Linguística textual. In: MUSSALAN, F.; BENTES, A. C. (org.). *Introdução à linguística*: domínios e fronteiras. São Paulo: Cortez, 2004.
[2] Vide referências ao final do quarto capítulo.

sobre as diferenças entre a linguagem oral, bem mais "relaxada" por ter a presença do interlocutor que poderá pedir esclarecimentos, e a linguagem escrita, com maior grau de monitoramento. Completando essa diferenciação, os autores afirmam:

> Na escrita, prevalece a grafia, os recursos visuais, como cores e tamanhos tipográficos, a capacidade de registro etc. Já na oralidade, destacam-se a espontaneidade, a gestualidade, a prosódia (sons, entonação das palavras) e a sincronia temporal – que, por sinal, podem ser substituídas nos quadrinhos pelos desenhos e caligrafias específicas, a exemplo das palavras compostas por letras grandes e em negrito representando gritos...

Propõem ainda a adequação social da língua aos diversos níveis de fala e mostram que no ato de escrever o autor deverá levar em consideração o público-alvo a ser atingido.

O quinto capítulo, intitulado "A palavra gera o texto, o contexto influencia o texto", das autoras Adelma Campelo César e Ângela Cristina Pascaretta Gallo, vem mostrar-nos a importância do ato de ler e escrever para a ampliação dos conhecimentos, no entanto, propõem uma parceria entre as aulas de Ciências e Língua Portuguesa, em que os professores também se tornam aprendentes de áreas distintas, mas interligadas em todo o processo de aprendizagem. Apresentam-nos, portanto, as autoras, uma experiência realizada em sala de aula na modalidade de ensino da Educação de Jovens e Adultos (EJA) do SESC de Santo Amaro-PE. Tal experiência aponta para o trabalho com a interpretação textual, levando em conta um tema da atualidade, bem marcante, ou seja, a sustentabilidade e o meio ambiente. Para isso, foi utilizado o poema musical de Luiz Gonzaga: "O xote ecológico". Tal ensino se mostrou ressignificado, visto que a temática dos textos faz parte do cotidiano dos alunos.

As autoras sugerem chaves de leitura e instrumentalização para a produção de textos coerentes. Elas próprias afirmam que "quanto às competências e habilidades de Língua Portuguesa trabalharam a linguagem textual de forma que o aluno percebesse a diferença entre um texto literário e não literário, música, crônica, propaganda, poesia etc.; e a aplicação dos mesmos em suas produções textuais". Em ciências, atualizaram os conteúdos da ecologia e da fisiologia humana.

O capítulo traz, ainda, as produções textuais dos alunos a partir de leitura do não verbal e do texto motivador, sempre apresentando a problemática, que seria uma leitura da realidade e proposta de solução como a aplicação dos conhecimentos para melhoria da qualidade de vida no planeta. Com relação aos últimos versos de "O xote ecológico", mostram a importância da conotação nos textos literários e, para tanto, aprofundam o pensamento de Lira (2008).[3] Concluem o capítulo de maneira otimista e confirmando a importância dos conteúdos das disciplinas de Língua Portuguesa e Ciências terem sido trabalhados juntos, numa verdadeira interdisciplinaridade.

---

[3] LIRA, Pe. Bruno Carneiro. *Linguagens e a palavra*. São Paulo: Paulinas, 2008, pp. 77-99.

Apresentação

O autor do sexto capítulo, Inaldo Firmino Soares, inicia suas reflexões mostrando a importância do texto nas práticas docentes de Língua Portuguesa, como também sua presença marcante nos atuais livros didáticos. Apresenta o sentido da intertextualidade e a fundamenta através de várias concepções dos teóricos da linguagem. Na verdade, o autor reflete sobre o trabalho que o professor de Língua Portuguesa realiza em sala de aula. Enfatiza a importância dos leitores e seus conhecimentos prévios no processo de construção de sentidos dos textos a partir da polifonia e dialogicidade (heterogeneidade) dos discursos. Em seguida, passa a analisar textos selecionados de compositores e intérpretes brasileiros. Compara esses textos com dois fragmentos da seção "Cartas ao leitor", das revistas *IstoÉ* e *Veja*, com a finalidade de mostrar que mesmo em outros gêneros textuais as várias formas de discursos e a polifonia se encontram formando a teia da intertextualidade, tanto no interior dos textos como em sua relação com os outros. Ter consciência da intertextualidade é fundamental para o ato de ler e produzir textos. O autor conclui afirmando que o estudo dos gêneros textuais e do conceito de intertextualidade é um instrumento poderoso para o labor de redigir e ler os textos com competência.

No sétimo capítulo, encontramos nas reflexões de Rafael Camelo Lins a interpretação dos gêneros textuais no cotidiano. Para tanto, faz um estudo da escrita presente de maneira profunda nas sociedades grafocêntricas, mostrando a importância do texto como uma unidade semântica. O autor aprofunda o estudo dos conhecimentos prévios (linguísticos, textuais e de mundo) daquele que lê ou escreve; conhecimentos esses fundamentais para o ato de interpretar. Mostra que o ato de ler é um processo de construção de sentido em oposição à simples decodificação; para isso se vale de teóricos consagrados. Divide o estudo dos gêneros textuais conforme a obra de Percival Britto (2007),[4] apresentando a tipologia textual sempre relacionada com os gêneros, retomando, também, aqueles do mundo virtual. O autor, portanto, apresenta de outro modo aquilo que já delineamos no primeiro capítulo desta obra, ao fazermos uma grande divisão entre os gêneros da oralidade e da escrita. Desse modo, o estudo fica mais consistente e prazeroso para os nossos leitores, que poderão entender e estudar o assunto a partir de vários prismas. Propõe, também, práticas para se ler bem a partir das estratégias de leitura, oferecendo pistas concretas de aprendizagem dos vários tipos e gêneros textuais, tanto verbais como não verbais. Finaliza a sua reflexão trazendo à baila vários textos e as diversas formas de entendê-los e interpretá-los, a partir de métodos práticos.

No capítulo oitavo, temos a apresentação de Dom Roberto Nogueira sobre a importância da literatura para o ato de escrever com autonomia. Esse capítulo de plena exuberância e relação com o todo da obra inicia revelando a importância de se ter autonomia no pensar, como tam-

---

[4] BRITTO, Luiz Percival Leme. O ensino da leitura e da escrita numa perspectiva transdisciplinar. In: BAGNO, Marcos et alü. (org.). *Práticas de letramento no ensino*: leitura, escrita e discurso. São Paulo: Parábola, 2007.

Apresentação

bém no ato de escrever para que os plágios sejam evitados. Dom Roberto estabelece vários paralelos interessantes com relação aos vocábulos que variam de sentido através dos vários contextos linguísticos e usos sociais. Só para citar um exemplo que nossos leitores encontrarão em seu texto: "A raiz de todo mal é a preguiça" (raiz, aqui, no sentido de princípio). O autor, ainda, apresenta J. Xisto (s.d.), que traz exemplos literários tanto na Filosofia como na Teologia, aprofundando o respeito que se deverá ter com a plurissignificação vocabular de textos literários, assim como as diversas opiniões de seus interlocutores, motivando os leitores e leitoras ao desenvolvimento do espírito crítico-reflexivo no momento da interpretação. Trata com propriedade do ato de ler e escrever como um dependendo do outro, mostrando a atualidade da leitura e de se formar leitores maduros. Apresenta a dicotomia entre literatura e gramaticismo, em que a gramática põe-se a favor do texto e de seus contextos. Por isso, o autor conclui que "a literatura cria necessariamente a gramática, e não o contrário". Reflete, de maneira muito lúcida, sobre as limitações da perspectiva pedagógica de Frederick Skinner, que vê o ser humano como uma tábua rasa, ou seja, uma página em branco.

Dom Roberto apresenta Jesus Cristo como o maior educador, pois já valorizava o saber e o agir das crianças Diz o autor, citando a Sagrada Escritura: "Quem não se tornar pequeno como uma criança...". Mostra, ainda, a importância da maiêutica socrática como fonte para o sociointeracionismo no processo de redigir e interpretar textos, em que o educador é apenas o mediador do conhecimento. O autor, citando J. Xisto, diz-nos e incentiva-nos metaforicamente que "uma biblioteca contém centenas de mestres, esperando para nos falar". Ele aponta, também, para homens e mulheres autodidatas em vários aspectos do saber, inclusive do ler e do escrever; cita, como exemplo, que a literatura capacita com autonomia a grande doutora da Igreja, Santa Teresa de Jesus. Critica as práticas das aulas de literatura que se tornam um peso, em vez de serem prazerosas, narrando suas próprias experiências. Outro exemplo de autodidata citado é o de Joseph Campbell, que se apoderou de um grande saber com a leitura abundante de livros em várias temáticas. O sujeito, portanto, é o agente de sua formação, pois é ele quem busca e cria seus métodos de leitura e estudo. A universidade é apenas a incentivadora do saber. Contudo, lendo o texto de Dom Roberto, cria-se um gosto pela leitura, pois ele próprio, com suas reflexões tão sinceras e profundas, vivenciadas e inovadoras, mostra-nos esse outro lado do prazer de ler os textos literários "que cuida de iluminar novos escritores e fazer doutores de verdade".

O capítulo nono, de minha autoria, apresenta um panorama das duas correntes mais marcantes da linguística do século XX: o formalismo e o funcionalismo, refletindo temas ligados ao ensino de língua, teorias enunciativas e discursivas, assim como um estudo mais apurado dos gêneros textuais.

E, finalmente, o último texto, também escrito por mim, que possui um título metafórico: "O último verso", que faz uma retomada do todo da obra e tenta, à guisa de

Apresentação

conclusão, chegar a reflexões contundentes sobre a temática em questão. Ressalta a importância social do ato de ler e escrever como conquistas que se perseguem a vida inteira; são atitudes que se tornam proficientes pela prática. Escrever é uma arte, provém de determinado talento, mas também é fruto de esforço.

Ao concluir, diremos, ainda, que é de suma importância a refacção textual (o reescrever quantas vezes necessárias), a fim de que o texto se torne claro e conciso. Terminando esse verso proponho a importância do respeito aos contextos sociais para o ato de interpretar. No que se refere ao autor, chamamos de momento da enunciação: quando o texto chega aos leitores readquire um novo significado a partir dos conhecimentos prévios e contextos sociais destes. E a prosa vira verso dentro do processo de intertextualidade; os sentidos serão dados por aqueles que irão ler a nossa obra.

Nesse momento gostaria de agradecer a todos as autoras e os autores que se fizeram presente no "palco" deste livro. Como em um grande sarau, somos os verdadeiros protagonistas de nossas experiências linguísticas e pedagógicas, as quais, com destreza e clareza, entregamos aos nossos leitores, pois são eles que irão dar sentido ao que aqui escrevemos.

E, para encerrar esta apresentação, cito o escritor Augusto Cury (2001, pp. 11-12):[5]

---

[5] CURY, Augusto Jorge. *O Mestre da vida*. São Paulo: Academia de Inteligência, 2001. (Coleção: Análise da inteligência de Cristo.)

As reações de encantamento pelo "mestre da vida" que as pessoas têm manifestado com esta coleção não são frutos de minha habilidade como escritor, mas da excelência do personagem que descrevo. Tenho convicção das minhas limitações e das deficiências da linguagem para descrever a sua grandeza. Torturado, ele demonstrou grandiosa coragem e segurança. No extremo da dor física, produziu frases poéticas. No topo da humilhação social, expressou serenidade. Quando não havia condições de proferir palavras, ensinou pelo silêncio, pelo olhar, pelas reações tranquilas e, algumas vezes, pelas suas lágrimas.

O personagem de excelência, ao qual o autor se refere, sabemos ser Jesus Cristo. Cury, aqui, mostra toda a sua humildade de escritor. E, nesse sentido, também nós, autores desta obra, entregamos aos leitores nossos pensamentos para que possam ser completados por suas experiências, sempre para o bem da ciência linguística.

Preâmbulo
Meu ideal seria escrever

JUDITE MARIA BOTAFOGO DE SANTANA SILVA[1]

Meu ideal, como o de tantas outras pessoas, é escrever. Escrever para dizer bem alto, gritar para todo mundo o que sinto, aquilo que está além do meu discurso nas longas páginas da minha vida: meus sonhos, fantasias, aventuras, desventuras, explosões e implosões; relatar lugares e coisas pelos quais passei, os vendavais que tive de enfrentar e resistir, como a palmeira no deserto diante do temporal. Ah! Se eu soubesse ou pudesse escrever! O fato é que comunicar compete à fala, e não à escrita. A escritura, pelo contrário, embaralha as cartas da comunicação, produz várias sig-

---

[1] Possui licenciatura em Letras (1986), especialização em Língua Portuguesa *Latu Sensu* (1997) e em Literaturas de Expressão Portuguesa *Latu Sensu* (2001), pela Universidade Federal de Pernambuco (UFPE). Mestre em Teoria Literária pela UFPE (2004) e doutora, também, em Teoria Literária, pela UFPE (2010). Exerce função executiva no município de Lagoa do Carro – PE. É escritora e professora da Faculdade Integrada de Pernambuco (FACIPE). Tem experiência em educação com funções técnico-pedagógicas e administrativas, bem como na área do ensino de Língua Portuguesa, Literatura Brasileira e Cultura Popular, com ênfase na pesquisa em música popular.

nificâncias (a significância como abertura para a infinidade dos sentidos assemelha-se ao conceito de disseminação, em Derrida), e não tem ponto de saída nem de chegada, circula, disseminando sentidos.

A escritura não é, de modo algum, apenas um instrumento de comunicação; é uma linguagem endurecida que vive sobre ela mesma, com a tarefa de impor pela unidade e a sombra de seus signos a imagem de uma fala construída bem antes de ser inventada. "No princípio era o verbo." Além do mais, a escritura não é uma função da linguagem. Ela é justamente disfuncionalização da linguagem. Ela força a língua a significar o que está além de suas possibilidades, além de suas funções. O que dizer da linguagem não verbal? Sons, ritmos, cores, imagens, gestos, são eles que dizem tudo no seu não dizer.

Meu ideal seria escrever, não para permitir a implosão da linguagem, e sim para traduzir a necessidade de reconstrução de minha realidade social, revitalizada nas coisas que pensei ter deixado para trás, mas que permanecem latentes dentro de mim.

Sabe-se que a escritura toma como lugar de seus reflexos a palavra real dos homens. E as minhas muitas realidades, como a de tantos outros, estão aqui, nesse mundo, entre palavras, nessa terceira dimensão da forma que nos amarra à sociedade e no seio da qual se tenta situar a natureza da linguagem.

São tantos os que escrevem e se inscrevem; Graciliano Ramos inscreve-se em *Caetés*, em *Angústia*, em *São*

Bernardo. Padilha escreve, Madalena escreve, Paulo Honório vai xingá-los por escreverem, mas vai fechar o círculo findando por inscrever-se também – forma de exorcizar-se.

O escritor tenta situar o texto entre o jogo escritural e as circunstâncias em que está inserido. Ele sabe, o seu campo é restrito e reduzida a sua eficácia, daí que, por não poder transformar o mundo, transforma a linguagem, nessa luta, imergindo e afogando as ideias nas suas escrituras.

Mas como chegar ao meu ideal? À maneira drummondiana, tentando mergulhar dentro de mim e arrancar um verso que minha pena não quis escrever? Ou desconstruindo o sentido à maneira de Derrida... É, há linhas que são monstros...

A escrita à qual me entrego institui exatamente a ausência do meu ideal: como escrever? O que escrever ou para que escrever? Seria muita pretensão querer dialogar com o leitor através desse texto. Não sei se esse texto poderia ser lido ou reescrito, aliás, se é que assim possa ser tratado; não posso autenticá-lo como peça de escritura; não sei o que faço, se uma produção ou um produto ou, ainda, uma estruturação do pensamento, acho que não há muito sentido nisso. O leitor haverá certamente de questionar.

O que ora escrevo, ou o que seria ideal escrever, é fruto das leituras que faço, das memórias que carrego de um passado que nasceu comigo. A verdade é que meu texto não visa a uma prática, um método, uma pesquisa, uma pedagogia e muito menos uma ciência, um fazer, uma *poieses*. O mais exato seria dizer que ele é aquilo que considerei possível escrever, que sai de dentro de mim, sem a intenção de fazê-lo chegar a outros. Escrever é ou projetar ou terminar, mas nunca "exprimir", como nos diz Barthes.

Meu ideal seria escrever, mas às vezes penso que estou condenada a pouco dizer. Ah! Como eu queria saber dizer o que sinto, desvendar o meu grito, explicar meu desejo, a minha fonte de prazer. Mas é bom deixar que o leitor pense o que quiser, entenda como quiser, porque a escritura abre a linguagem à infinidade. Talvez não tenha dito ou pensado em nada, e se pensei ficou guardado na vertente secreta da linguagem. No dizer de Freud, a escrita está muda. Não tenho culpa se as palavras de per si permitem depreender algo; são elas, simplesmente elas, escorregadias, insuportáveis dentro de mim; apenas busquei uma forma de representar, à maneira de Mário de Andrade, o que o meu inconsciente grita buscando minha própria razão. É o meu princípio de prazer em alcançar meu ideal, que às vezes se choca com a minha realidade: eu queria poder escrever, mas descobri que escrever não é simplesmente emitir uma fala.

As minhas memórias, quem sabe, eu não as escrevo, elas se inscrevem nos grandes espaços e pequenas enseadas onde as coisas importantes podem se ocultar. E agora ameaçam o sigilo, rompem o selo do talento e escancaram um peito sem segredos, nessa ânsia devoradora do desejo de poder escrever.

Meu ideal seria escrever

Meu ideal seria entregar-me à escrita e deixar que ela desvende o meu passado, expressando a minha história, sem que eu precisasse contá-la.

Mas como diz Leyla Perrone-Moisés: escritos não têm faces, sua face está perdida na opacidade da forma, por isso mesmo é difícil alcançar meu ideal. Escrever é muito mais que isso, é enraizar-se num além da linguagem. Se a escritura é a forma de construir o mundo, o meu mundo está dentro de mim.

Desculpem-me se não disse verdade alguma, que dela possa tirar algum proveito o leitor, não é porque não quero, a verdade está na minha impotência diante do verbo. Quem sabe, melhor seria postular o silêncio como a escritura de Mallarmé. É óbvio que não posso fazer da escrita meu instrumento, esta não é instrumental, além do mais não sou escritora, sou mera escrevente, comum, sem técnica, tentando dizer que a escritura é a prática do texto, e esta não a tenho, e que o texto é o lugar da escritura, o que também pouco conheço. Escrever é ato de busca e minha eterna busca é a palavra, meu objeto de desejo, para através dela chegar ao meu ideal... Escrever.

Capítulo 1

Uma viagem pelos textos em dois "versos" de prosa

BRUNO CARNEIRO LIRA[1]

Dedico aos meus irmãos do Mosteiro de São Bento
de Olinda e às Comunidades Monásticas
do Mosteiro da Santa Cruz de Brasília
e do Mosteiro de Nossa Senhora
do Monte de Olinda,
estas duas últimas jubilares em 2012 e 2013,
respectivamente.

Às amigas, Maria Gislaine de Moraes,
Elza Pimentel, Máxima Pimentel e Ana Pimentel,
pelos seus constantes gestos de caridade
para comigo.

---

[1] Supervisor pedagógico da Educação de Jovens e Adultos (EJA) do SESC – Santo Amaro (PE). Professor adjunto do IESO (Instituto de Ensino Superior de Olinda) e FACCOR (Faculdade de Ciências Contábeis do Recife). Autor de livros nas áreas da linguagem, educação e liturgia, publicados por Paulinas Editora, e na área de espiritualidade-liturgia, produzidos pelas Editoras Paulus e Vozes. É monge do Mosteiro de São Bento de Olinda e sacerdote da Arquidiocese de Olinda e Recife (PE). E-mail: <brunonis.pe@gmail.com>.

E, ainda, aos caros amigos de Brasília:
Rogério de Souza Furtado,
Tatiana Queiroz Coelho,
Maria Luísa de Queiroz Furtado,
Cleusa e Maria Denize, como também
aos queridos amigos: Cira Timbó Patrício Ribeiro
e Lúcio Armando de Patrício Ribeiro.
Às amigas pedagogas, Teresa Cristina Ferraz,
Ana Maria Freire e Rose Kelly Lima de Santana,
pela constante dedicação
ao processo de ensino/aprendizagem.
À secretária nota dez:
Maria Helena Aguiar Lafayette.

Entre o porque e o por quê há mais bobagem
gramatical do que sabedoria semântica.

MILLÔR FERNANDES

Os textos são ditos e escritos, primariamente, para serem entendidos, produzindo sentidos variados conforme o contexto de seus leitores e ouvintes. Daí os aspectos semânticos sobressaírem-se diante das minúcias gramaticais, mas, para não entrar em contradição, a gramática como tal também é de fundamental importância para o ato de ler e escrever, pois, a partir de uma boa coesão, tem-se, consequentemente, uma coerência lógica dentre os vários tipos de textos que circulam socialmente.

Do nascer ao pôr do sol, vivemos cercados de textos por todos os lados, sejam eles verbais ou não verbais, orais ou escritos. Tais textos circulam em nossa sociedade nos

Uma viagem pelos textos em dois "versos" de prosa

seus vários gêneros, suportes,[2] tipos e nas variáveis funções da linguagem. Sabemos que essas funções podem aparecer de maneira isolada ou híbrida, mas que estão ali, facilitando o nosso entendimento e o processo comunicativo: a função denotativa ou referencial, mais presente nos noticiários; a função conotativa, de maneira mais condensada nos textos literários que hoje nos rodeiam. Pois devemos acabar com essa ideia de que boa literatura é só aquela dos autores consagrados pela crítica, muitos até já mortos. A arte literária encontra-se hoje nos *outdoors*, nos anúncios, nos panfletos de propaganda, no boca a boca dos falantes. Em reclames televisivos e nas propagandas, tem-se, ainda, a função conativa da linguagem, sempre com sua vontade de convencer. Nas canções e poemas de todos os tempos se encontra a presença da função poética e expressiva, além disso, o tempo todo utilizamos a função fática da linguagem, aquela que deseja estabelecer laços comunicativos e de entendimento. *Entende!!!* Esse nosso texto, por exemplo, é redigido, integralmente, com base na função metalinguística, aquela em que a linguagem fala dela mesma.

Mas vamos nos deter em alguns textos que se impõem à nossa frente, já que todos seriam impossíveis, pois os mesmos são construídos e refeitos a cada minuto. *Tais textos são sumamente necessários para se ler e escrever bem,*[3] pois é praticando que adquirimos habilidades e, con-

---

[2] Suporte: é o instrumento que porta o texto, por exemplo, faixas, livros, revistas, folhetos, *outdoors*, camisetas, paredes...

[3] Destaque nosso.

sequentemente, competência para interpretarmos bem e escrevermos com clareza. Iniciemos a nossa "viagem".

Primeiro "verso": os textos orais

Primeiramente, analisaremos os textos orais, aqueles que os analfabetos entendem mais facilmente, desde que esteja numa linguagem adequada aos vários níveis de instrução; e é por isso mesmo que a adequação linguística se faz necessária a cada momento dos atos de fala. Vejamos as *propagandas políticas veiculadas pela mídia*, sempre tendo a presença marcante da linguagem conativa. Nesse tipo de discurso aparece o elemento persuasivo e, muitas vezes, uma linguagem indireta que no percurso das entrelinhas busca atingir a imagem de alguém, podendo apresentar uma falsidade ou verdade ideológica. Para Botafogo (2010), os discursos revelam ideologias, fazem metáforas abundantes, tentam desvendar os mistérios que estão no interior de cada expressão proferida pelo orador. "Que poder têm as frases articuladas nos palanques? No discurso político, a forma de persuasão é sempre intencional?" (ibid., p. 47). Portanto, a linguagem dos discursos políticos é figurada e persuasiva.

Outro texto do mundo da oralidade é o *sermão feito na Igreja Católica* ou em outras Igrejas, que nos dias de hoje assume o nome de *homilia*, por apresentar uma linguagem mais familiar e fazer uma aplicação do Evangelho na vida da pessoa, em vez de, simplesmente, ser uma mensagem de um cunho parenético, no sentido de exortar apresentando falhas e prometendo castigos, como se fazia antigamente. Dentro do *discurso jurídico*, encontramos vários textos orais dignos de nota: a defesa de um advogado em um tribunal do júri ou a acusação de um promotor de justiça. Ambos os discursos são persuasivos e buscam provar a inocência ou a culpabilidade de alguém através de argumentos que se sustentam ou não. A retórica e a argumentação são mecanismos que atuam no discurso jurídico e constitui-se de uma prática social discursiva. Esse discurso tem sua produção em acordo com normas específicas e regras especiais marcadas por jargões e técnica própria. A argumentação vem com o poder de convencimento ou persuasão. Tais interlocutores, mencionados anteriormente, desejam conquistar a plateia. Encontramos, aqui, claramente, a polifonia discursiva no ato de enunciação e as várias articulações dos enunciados, formando-se a cadeia de argumentação. Para Pereira (2006, p. 57):

> A argumentação jurídica é produzida considerando-se três fatores: o primeiro é o lugar do discurso em relação aos mecanismos sociais, o qual abrange a sociedade como um todo; o segundo é o lugar do discurso em relação à aplicação da regra social no caso concreto e individual; o último surge quando se observa o lugar no qual a teia discursiva se desenvolve, ou seja, no próprio procedimento, considerando-se o procedimento como o processo judicial, cujo público destinatário permeia os diferentes lugares na sua construção, fechando-se no discurso jurídico cível, em um único ponto: o Juiz de Direito.

O juiz de Direito, por sua vez, é quem pronuncia a sentença, que vem recheada de termos técnicos e eruditos, constituindo-se de difícil entendimento para os interlocutores não letrados nesta região discursiva. Por isso mesmo é que a imprensa, no seu ofício de informar, faz uso da linguagem denotativa referencial e tenta interpretar, em termos mais usuais, aquilo que a maioria dos indivíduos poderá entender.

As premissas utilizadas no desenvolvimento da argumentação são aceitas pelos interlocutores e pelo auditório a partir dessa nova versão textual, agora, com termos mais dados do que novos.

A *fofoca*, também, é um texto muito presente na sociedade hodierna. Com modelo próprio, faz-se presente tanto na oralidade como na escrita. Geralmente, esse gênero discursivo apresenta termos marcantes: "olha, eu vou te contar uma coisa, mas não conta pra ninguém, não... se alguém souber, eu digo que é mentira...". Ou então: "eu nem te conto...". Esse tipo de texto, de fácil entendimento na oralidade, no âmbito da escrita torna-se mais sofisticado, pois, muitas das vezes, faz-se necessário entender as mensagens implícitas, seja em forma de pressuposto ou de subentendido.

Os telejornais, novelas e filmes são fontes de informação e conhecimento, mas também, contrariamente, podem provocar grandes prejuízos em quem ainda está formando sua mentalidade adulta.

Os três gêneros textuais apresentam particularidades próprias na função social que exercem. Nos telejornais encontramos gêneros bem variados: o esportivo, o policial, os fenômenos meteorológicos, mas sempre tendo por base a informação. Já as novelas são narrativas que, geralmente, retratam uma determinada sociedade ou classe social em todas as épocas. E, como narrativas, possuem elementos próprios dessa tipologia textual: personagens (principal, antagonista, secundários, meros figurantes), espaço, tempo, enredo, complicação, clímax, desfecho e foco narrativo. Este último é de suma importância para o texto, pois a narração poderá estar em primeira pessoa (dizemos, nesse caso, que o narrador é homodiegético, por estar presente em cena; é um narrador-personagem). Por outro lado, e é o que acontece na maioria das vezes, temos a narrativa em terceira pessoa, em que o narrador é totalmente onisciente. Diz-se que ele é heterodiegético, ou seja, está de fora e tem nas mãos o destino de seus personagens. É o que acontece com os autores das novelas, que muitas vezes criam vários desfechos para criar impacto, dar audiência e colocar na "telinha" aquele que seria, talvez, o final desejado pelo público. Os filmes seguem o mesmo estilo de texto narrativo, com a diferença de serem mais curtos e as coisas serem definidas mais rapidamente.

Uma conversa informal entre amigos, também, é outra forma de produção textual oral. Geralmente, numa linguagem coloquial, viaja-se por vários tipos de discursos, gêneros e com a presença marcante das várias funções da linguagem, sobretudo a denotativa, a expressiva, a conativa e a fática, mas, raramente, a conotativa e a metalinguística, a não ser que nessa conversa, mesmo em sua informalidade, trate-se de assuntos referentes à língua. Nesse tipo de discurso oral encontra-se, com muita frequência, a presença dos dêiticos, ou seja, tipos de vocábulos que, geralmente, dão progressão e localização aos textos como: aí, lá, cá, onde, aqui, e aí... Os dêiticos, portanto, são elementos linguísticos que expressam *dêixis*, ou seja, que fazem referências ao momento de enunciação, a seu contexto situacional ou de produção do discurso pelos autores da interlocução de modo síncrono. Podem ser: pronomes pessoais (eu, tu etc.), pronomes e determinantes possessivos (meu, teu, dele...), pronomes e determinantes demonstrativos (este, esse, aquele, aquilo...), artigos (o, a, os, as...), advérbios de lugar e de tempo, como citamos antes (aqui, lá, ontem, hoje...). Nesse tipo de texto a compreensão é 100% atingida, pois ocorre com a presença dos interlocutores face a face, e as dúvidas são mais facilmente dirimidas.

Vejamos, agora, um gênero de grande alcance do mundo digital: a teleconferência. Esse tipo de texto possui objetivo, hora marcada e número de participantes, geralmente, da mesma área de interesse. A interação verbal é imagética, tendo a presença de todos os equipamentos. Constitui-se como um discurso de grande interação. Por exemplo, uma palestra ministrada em Recife, mesmo usando o recurso do *data-show*, no programa Powerpoint, isso será visto, em rede, em todo o país, se for o caso, através de um Protocolo de Internet (Internet Protocol) – um endereço eletrônico na rede (IP.TV). Além disso, os interlocutores podem fazer perguntas, tecer comentários, tudo de modo síncrono, ou seja, em tempo real.

Uma viagem pelos textos em dois "versos" de prosa

Daqueles textos que fazem parte do discurso acadêmico, veremos quatro tipos: uma aula, uma palestra (conferência), uma comunicação oral e um discurso de um paraninfo de formatura do curso de Administração de Empresas. A aula deverá seguir a metodologia que lhe é peculiar, ou seja, em primeiro lugar o professor deverá ter bem claro o objetivo que quer atingir com sua intervenção pedagógica, aquilo que deseja que seus alunos aprendam e, para tanto, planeja, fazendo o recorte do assunto, relacionando-o com fatos da vida, para que o mesmo seja ressignificado, buscando os recursos e a maneira de realizar a avaliação; neste ato de avaliar, o professor também se autoavalia, pois, dependendo dos resultados, deverá criar novos métodos, a fim de que os alunos aprendam. Pois é este o objetivo do texto-aula.

Já uma palestra (conferência) possui elementos comuns com a aula, mas características bem diferenciadas, como, por exemplo: o público não será o mesmo todas as vezes; o encontro é esporádico, o tema proposto deve ser explorado e aprofundado. Além disso, será criada uma forma agradável de apresentação para não cansar o público e que favoreça o processo comunicativo. Ela terá objetivos bem definidos, conteúdos seguros e metodologia própria, com uma linha de pensamento bem clara, com começo, meio e fim (considerações finais e "amarrações" necessárias). Ao final da mesma, poderá haver um debate e discussões para o aprofundamento do tema.

A comunicação oral, geralmente, ocorre nos congressos e é fruto de pesquisas nas várias áreas do saber. Seguindo o mesmo esquema de investigação de um projeto de pesquisa e seus consequentes resultados, que são as respostas aos objetivos. O autor apresenta, em linhas gerais, a problemática que tentou resolver, suas hipóteses, que autores fundamentaram sua pesquisa, a metodologia utilizada, os sujeitos pesquisados e, finalmente, a função social da mesma para o bem da ciência e melhoria da qualidade de vida do homem. A comunicação oral deve ser feita em poucos minutos, pode-se fazer usos de recursos audiovisuais e é dado um tempo para que uma banca examinadora, composta por especialistas da área em questão, teça comentários, tire dúvidas e contribua com a pesquisa que foi comunicada oralmente.

Finalmente, o discurso de um paraninfo no dia de sua colação de grau. É importante localizarmos o curso e o momento do discurso (contexto de enunciação) para se entender bem o que vai ser apresentado. Em primeiro lugar, deverá ser uma fala motivadora, cheia de esperança e alegre para os novos formandos. Geralmente, o paraninfo da turma é escolhido porque se identifica com a mesma, o que já facilita o *feedback* com os alunos, pais e convidados e, também, com a composição da mesa de professores e autoridades. Em primeiro lugar, deve-se mostrar que chegar ali já é uma vitória, mas que dali surgirão outras "batalhas" e conquistas. Por se estar entregando novos profissionais à sociedade, seria interessante falar da profissionalidade e da profissionalização. Caberia, ainda, tratar dos quatro elementos que transformam uma pessoa num bom profissional: saber, fazer, ética e reconhecimento social. Por ser um curso de Administração de Empresas, seria bom falar de temas como as relações de trabalho com o público interno e externo, a liderança em oposição às chefias, o espírito de alteridade, a administração do tempo, a qualidade dos serviços, a preocupação com a clientela e, sobretudo, a humildade, própria do verdadeiro sábio e administrador, pois com ela estamos sempre em busca de novos conhecimentos e aumentando as nossas relações sociais. Será um discurso contagiante e, por ser oral, pode-se fazer, abundantemente, o uso dos elementos suprassegmentais (altura, ritmo, rimas, tudo que se referem à prosódia), como também de aspectos paralinguísticos, de gestos, por exemplo.

Segundo Antunes (2003, pp. 99-100), com relação à oralidade:

> Mantêm-se aqui aquelas concepções de língua como prática discursiva, inserida numa determinada prática social, envolvendo dois ou mais interlocutores, em torno de um sentido e de uma intenção particular. Nessa dimensão, a oralidade apresenta a mesma dimensão interacional que foi pretendida para a escrita e para a leitura (...). A oralidade e a escrita... Uma e outra servem à interação verbal, sob forma de diferentes gêneros textuais, na diversidade dialetal e de registro que qualquer uso da linguagem implica. Assim, não tem sentido a ideia de uma fala apenas como lugar da espontaneidade, do relaxamento, da falta de planejamento e até do descuido em relação às normas da língua padrão nem, por outro lado, a ideia de uma escrita uniforme invariável, formal e correta, em qualquer circunstância. Tanto a fala quando a escrita podem variar, podem estar mais planejadas ou menos planejadas, podem estar mais, ou menos, "cuidadas" em relação à norma padrão, podem ser mais ou menos formais, pois ambas são igualmente dependentes de seus contextos de uso.

Mas, no caso do discurso acadêmico, é claro que a linguagem deverá ser a formal-culta; adequada, portanto, a seu contexto de fala do momento.

Nos textos orais, devemos ter um profundo respeito para com as questões da variação linguística, que só enriquecem a língua em suas várias situações de uso. Lira (2006, p. 72) afirma que

> Essas variações quanto ao uso da linguagem por um mesmo falante podem ser de duas espécies: *nível de fala* e *registro formal*. O primeiro é utilizado em ocasiões em que os diálogos são informais e ocorrem em momentos de intimidade entre os falantes, ou seja, situações familiares ou conversas entre amigos. Nesse momento, as estruturas e vocabulários da linguagem popular predominam conjuntamente com as gírias, expressões obscenas ou, ainda, expressões de natureza afetiva. Já o segundo é mais usado em situações de formalidade, em que predomina a linguagem culta, vocabulário técnico e um comportamento tenso e mais refletido.

Propomos, portanto, que o ensino da língua leve em conta esse seu aspecto social. O professor, livre de preconceitos, deverá em sala de aula levar os seus alunos a respeitarem os dialetos de cada um e ensinar a norma padrão. O autor supracitado (2010b), ainda afirma que, em práticas didáticas, o professor deverá ter muito cuidado com a escolha do conteúdo curricular, devendo ver "quais os saberes que excluem e quais aqueles que incluem" (p. 122). Dentre os inclusivos, deverão ser pensados os trabalhos feitos com a oralidade em todos os seus níveis de fala provenientes de contextos geográficos e sociais diferentes. Todos os alunos, assim, serão incluídos. "Essas comunidades de alunos incluídos e de professores inclusivos são, na prática, formados e formadores de pessoas pertencentes a um processo de aprendizagem coletiva, tal como uma tribo que aprende a desenvolver todas as suas potencialidades" (p. 123).

Para encerrar esse "verso", achou-se por bem fazer estas citações, ou seja, a da professora Irandé Antunes, pois o que ela fala é bastante elucidativo e ilustra o que estamos querendo dizer até agora, ou seja, que os textos variam conforme seus usos linguísticos e que se apresentam de dois modos: oral e escrito, e em diversificados gêneros nos mais variados suportes. Como também as duas citações de Lira (2006 e 2010b), que é o mesmo autor que lhes escreve estas linhas, quando trata do respeito que se deverá ter para com as variedades linguísticas, bem como das práticas pedagógicas entre alunos que provêm de vários contextos sociais, propondo, assim, a verdadeira inclusão escolar. Vejamos, agora, o "verso" seguinte.

Segundo "verso": os textos escritos

Quanto aos textos escritos, sabemos que estes são mais planejados e monitorados, pois não teremos a presença do interlocutor para tirar nossas dúvidas. Em primeiro lugar, para se produzir textos escritos, é preciso ter bem claro seus destinatários, a sua função social, o tipo de suporte no qual se deseja apresentá-lo, pois de tudo isso dependerá a adequação da linguagem. E, por circularem, socialmente, sem a presença de seus autores, é importante que sigam o princípio da clareza e da objetividade. Conforme Antunes (2003, p. 66): "A leitura é parte da interação verbal escrita, enquanto implica a participação cooperativa do leitor na interpretação e na reconstrução do sentido e das intenções pretendidas pelo autor".

Para Lira (2008, p. 50):

> O grande problema da escrita é recuperar aquilo que se perdeu na oralidade (acento frasal, entonação, curva melódica) e o problema da leitura consiste em dominar os sinais e técnicas hermenêuticas que dão algumas indicações de como o escritor desejaria que o seu texto fosse interpretado. Para se chegar à verdadeira interpretação dever-se-á compreender o texto, em sua totalidade, ou seja, nos três aspectos de estrutura linguística: sintático, semântico e pragmático. Na oralidade os textos verbais são bem mais fáceis de serem entendidos, pois se tem a presença do falante, que poderá esclarecer prováveis incompreensões, e tem-se também a presença dos suprassegmentos.

Primeiramente, aprofundaremos a Bíblia, pois nela temos uma riqueza de gêneros textuais escritos em vários contextos de enunciação, com discursos bem demarcados pelas temáticas. *Grosso modo,* poderemos dividir seus textos da seguinte maneira: o *Pentateuco*, ou seja, os cinco primeiros livros que tratam da Lei de Deus dada a Moisés e a sua reflexão. Nesse conjunto de livros, encontra-se o Levítico, que faz uso do gênero litúrgico, pois lá o autor sagrado faz a descrição de todos os ritos que o povo de Israel devia realizar ao seu Deus através dos sacerdotes da antiga aliança. Em seguida, aparece um bloco, chamado de *livros históricos*, pois trata da história dos israelitas desde sua entrada na Terra Prometida, por Jericó, e chefiados por Josué, até a eleição dos reis. Encontramos, ainda, no Antigo Testamento (AT), os *livros sapienciais*, outro gênero bem definido; dele fazem parte os cento e cinquenta salmos (sendo que esses fazem uso da função expressiva e poética da linguagem), o livro da Sabedoria, o Eclesiastes e o Eclesiástico; esse gênero canta a sabedoria de Deus e dos seus escolhidos. Só para exemplificar, citaremos parte do Salmo 136, cujo contexto de enunciação foi o exílio da Babilônia:

Juntos aos rios da Babilônia nos sentávamos chorando
Com saudades de Sião
Nos salgueiros por ali pendurávamos nossas harpas
Pois, foi lá que os opressores nos pediram nossos cânticos
Cantai, hoje, para nós, algum canto de Sião.
Como havemos de cantar os cantares do Senhor numa terra estrangeira?
Se de ti, Jerusalém, algum dia eu me esquecer
Que resseque a minha mão
Que se cole a minha língua ao paladar
Se de ti não me lembrar.

Como vemos, o Salmo 136 retrata, de maneira poética, a situação do Povo de Deus oprimido e sua saudade de Jerusalém. É, ainda, um testemunho de fé, pois mesmo na solidão e na tristeza não esqueceriam a Cidade Santa situada no Monte Sião. No AT, encontramos, também, os *livros proféticos*, que são aqueles que se tornaram os porta-vozes do Senhor; sempre trazendo uma mensagem de consolo, alegria e esperança. No Novo Testamento temos os *Evangelhos* escritos nos primeiros séculos da Era Cristã, que contam a vida de Jesus Cristo: seus milagres, suas atitudes diante dos outros, suas palavras, e que muitas vezes utilizam o gênero das parábolas (histórias simples, adaptadas ao conhecimento do povo, mas que sempre expressavam um ensinamento profundo) e, finalmente, seu Mistério Pascal: julgamento, paixão, cruz e ressurreição. Em seguida, nos Atos dos Apóstolos, temos o gênero histórico, pois o livro trata da Igreja Primitiva, de seu modo de vida, testemunhando o Ressuscitado, as decisões apostólicas (Concílio de Jerusalém – At 15) e as primeiras comunidades formadas por Paulo. Depois, Paulo, Pedro, João, Tiago e Judas Tadeu escrevem *cartas* para comunidades e pessoas cristãs desse período dos primórdios do Cristianismo. Interessante notar que essas cartas seguem em parte o gênero carta da atualidade, que com o mundo da informática está sendo substituída pelos e-mails. Trata-se de uma saudação ao destinatário que, no caso das de Paulo, chama-se saudação paulina, pois é sempre a mesma. Inclusive, a liturgia da missa inspirou-se nessa saudação para sua acolhida inicial: "A graça de Nosso Senhor Jesus Cristo, o amor do Pai e a comunhão do Espírito Santo estejam sempre convosco". E, finalmente, o último livro da Bíblia, que, assim como o livro do profeta Daniel no AT, possui o mesmo gênero, o *apocalíptico* ou *livro das revelações*. Esse gênero textual trabalha abundantemente com metáforas e metonímias que, para serem bem compreendidas, tem-se, também, que se conhecer um pouco do contexto de enunciação. Por enquanto diremos, apesar das grandiosas visões, do número da besta (666) e de outros detalhes pitorescos, que é um livro de esperança e que aqueles que têm fé encontram lá o seu destino último.

Continuando o nosso verso em prosa sobre os textos escritos, veremos, agora, aqueles eleitos pelo mundo acadêmico que seguem a mesma sequência lógica quando os apresentamos na oralidade, mas com diferenças bem marcantes, pois deverão obedecer às normas de escrita eleitas pela comunidade científica, as quais, aqui no Brasil, chamam-se: Associação Brasileira de Normas Técnicas (ABNT). Dentre eles temos a *monografia*, que deverá dissertar sobre um problema de pesquisa de maneira mais simplificada, mas sempre partindo de uma problemática, respondendo a objetivos bem definidos, dialogando com autores consagrados que já se debruçaram sobre o assunto, seguindo uma metodologia e um tipo de pesquisa, como, por exemplo, etnográfica, qualitativa, explorativa, quantitativa, estudo de caso, bibliográfica, pesquisa de campo... Todos os dados deverão ser categorizados e interpretados a partir dos autores escolhidos para fundamentá-los teoricamente. Finalmente, chega-se às considerações finais que respondam aos objetivos, atingindo, desse modo, a solução ou não do problema eleito.

A dissertação e a tese seguem o mesmo esquema de escrita da monografia, mas com mais complexidade, pois se supõe um escritor mais maduro e com vasta leitura de autores que trataram do tema de sua investigação. A tese exige maior originalidade. Esses textos, formalmente, deverão conter capa, folha de rosto, dedicatória e epígrafe (essas duas últimas são facultativas), lista de figuras, sumário, resumo e *abstract,* palavras-chaves e *keywords*; chamamos esses escritos de pré-textuais; em seguida vem o próprio texto com suas divisões e subdivisões lógicas e, finalmente, os elementos pós-textuais: referências, apêndices e anexos.

Outro tipo de texto escrito do universo científico é o *artigo científico*, e como exemplo temos este aqui que lhes escrevo. Parte-se de um tema e, fundamentando-se em outros textos, apresenta-se de modo mais rápido aquilo que deverá estar anunciado no início do artigo e, geralmente, traz-se resultados de pesquisa. Ao seu final, far-se-á uma retomada para mostrar aos leitores que foi realizado aquilo que se propôs.

Vejamos, ainda, o *resumo* e a *resenha*, que são bem parecidos, com uma diferença mínima. O primeiro atém-se àquilo que o autor quis dizer e nada mais, para tanto, o leitor deverá ter compreendido bem o que leu para ser fiel às ideias resumidas. Já a resenha é um resumo acrescido de um juízo de valor, ou seja, o resenhista, baseado em suas leituras, emite suas opiniões e indica ou não a obra ou o filme que está sendo apreciado (resenhado).

Outro gênero textual que circula diariamente, sobretudo nos restaurantes e cozinhas de nossas casas, é a receita culinária, que possui forma própria internacionalmente, ou seja, subdivide-se em duas partes: ingredientes e modo de fazer (ou de preparo). Todo texto desse tipo segue essa norma.

Encontramos outros tipos e gêneros de textos escritos nos suportes revistas e jornais. Dentre eles podemos destacar: o gênero esportivo, o horóscopo, os classificados...

Vejamos alguns exemplos:

- *Gênero esportivo*: ao contrário dos últimos clássicos do Campeonato Pernambucano, Sport e Santa Cruz fizeram uma partida digna da grandeza das duas equipes. Jogando na Ilha do Retiro e pressionado após a eliminação na Copa do Brasil, o Leão acabou levando a melhor ao bater o Tricolor por 2 a 1, neste domingo. Com o resultado, a equipe rubro-negra fechou a primeira fase do estadual na liderança, com 50 pontos. Já os corais seguiram em segundo beneficiados pelo empate do Salgueiro, que chegou à mesma pontuação, mas perdeu no número de vitórias (14 x 13).[4]

- *Horóscopo*: o Sol entra em Touro e seus relacionamentos ganham um novo colorido. Serão semanas de ótimos acontecimentos para o amor, o casamento e as relações profissionais. Caso esteja só, um namoro pode começar neste período.[5]

- *Classificados*: vendo excelente apartamento no bairro de Boa Vista, no Edifício Boa Hora. O apartamento é composto de 4 quartos, sendo 1 suíte, sala para 3 ambientes, varanda, cozinha, banheiro social, área de serviço, 1 vaga de garagem, área útil de 100m². O empreendimento é cons-

---

[4] Disponível em: <http://globoesporte.globo.com/pe/futebol/campeonato-pernambucano/noticia/2012/04/com-zagueiro-bruno-aguiar-de-artilheiro-sport-vence-o-santa-cruz.html>. Acesso em: 19 abr. 2012.

[5] Disponível em: <http://vidaeestilo.terra.com.br/esoterico/interna/0,,OI5259936-EI14306,00-Escorpiao.html>. Acesso em: 19 abr. 2012.

tituído de 28 pavimentos, sendo 4 aptos./andar, salão de festas, gerador, central de gás, *hall* social. Preços a partir de: R$ 380.000,00. Data de entrega: Dez/2014.

Como vimos, esses três gêneros são, frequentemente, encontrados nas revistas e nos jornais. Apresentam-se, socialmente, como formas fixas. São esses elementos estruturais que fazem com que sejam o que são.

Toda receita culinária está dividida em duas partes e, geralmente, possui ao lado a imagem do prato pronto; o horóscopo, sempre prevê algo para o futuro do dia, do mês ou do ano, coisas relacionadas ao trabalho, à saúde e ao amor; já os classificados utilizam-se plenamente da linguagem conativa, pois desejam convencer o leitor a comprar algo e, para tanto, demonstra suas facilidades e comodidades.

Outro gênero que nos cerca o tempo todo é o rótulo de produtos comercializados (alguns autores o consideram como suporte), sejam nos supermercados, farmácias e, até mesmo, em grandes lojas de shoppings centers. Para ser um rótulo, o texto escrito deverá portar composição química do produto, validade, código de barras, logomarca etc.

Como vemos, tudo que foi dito até agora é de suma importância para o estudo do texto escrito. Aliás, só o leitor maduro e autônomo poderá lidar com desenvoltura com tanta variedade de gêneros textuais no mundo da escrita.

Tratando-se de discurso religioso, temos outro portador de texto escrito que circula no ambiente de fé: os jornaizinhos litúrgicos, usados para acompanhar a santa missa. Lá encontramos vários gêneros: os cânticos, as leituras da

Bíblia, os comentários, as orações, a prece eucarística ou anáfora, algumas reflexões temáticas etc. É, portanto, um suporte de texto escrito que traz uma riqueza de gêneros textuais. O contato com eles motiva o leitor, mesmo ainda iniciante, a ler outros tipos de textos e a compará-los com aqueles que já circulam nos espaços sociais, dando-lhe proficiência interpretativa.

Há também as letras de músicas, que hoje possuem, em sua maioria, características modernistas, por não seguirem as regras rígidas do classicismo, como obrigatoriedade de rimas e métrica.

A letra da canção "A banda", de Chico Buarque de Holanda, muito conhecida em todo o Brasil, apresenta várias realidades dignas de nota. Em primeiro lugar, sabemos que seu processo de enunciação se deu na época da ditadura militar no Brasil, momento esse em que surgiram várias letras que criticavam tal movimento e que, por causa da ferrenha perseguição, tinham que se esconder por detrás de metáforas.

Conforme site:[6]

Chico se autoexilou. Foi para a Itália em 1969, com receio de retaliações a ele e sua família, durante a ditadura militar. Compôs várias músicas de protesto numa época em que era necessário ser muito criativo para driblar a censura. Suas músicas continham palavras de duplo sentido e metáforas. Às vezes são de difícil interpretação, tem que se levar em conta o momento histórico. Músicas fortes como "Roda viva", "Construção", "Apesar de você" (...) "Cálice"... Agora falando de "A banda", ela é uma

---

[6] Disponível em: <http://br.answers.yahoo.com/question/index?qid=20080903135839AA-qJydJ>. Acesso em: 23 abr. 2012.

marchinha gostosa e poética. Fala de uma cidade que parou para ver a banda (a poesia) passar cantando coisas de amor, e nessa passagem todos ficaram felizes e esqueceram-se de seus problemas (ao contrário de uma parada militar). Infelizmente, a banda passa, a contemplação acaba e a vida volta ao normal.

Vemos aqui a importância do contexto histórico para as produções dos textos. Michel Foucault, em sua obra: *A arqueologia do saber*, mostra-nos os discursos como um monumento, ou seja, por fora daquilo que está dito ou escrito. É a situação de produção que influencia no próprio texto. Daí ser necessário se fazer uma arqueologia discursiva para se ter uma interpretação mais completa dos textos que nos rodeiam. No verso: "a minha gente sofrida despediu-se da dor", vemos claramente a oposição entre uma bandinha inofensiva que toca marchas e outros ritmos para alegrar a cidade e aquelas paradas militares em que se sobressaem as armas e as fisionomias carrancudas. Por um momento, o povo se esquecia da dor. "A moça triste que vivia calada sorriu; a rosa triste que vivia fechada se abriu e a meninada toda se assanhou pra ver a banda passar cantando coisas de amor." Vê-se o motivo, por um momento, e tudo fica mais alegre. A letra da música vai mostrando, em suas entrelinhas, o horror que foi a ditadura militar. Interessante notar a repetição do quarteto:

> Mas para meu desencanto o que era doce acabou
> Tudo tomou seu lugar depois que a banda passou
> E cada qual no seu canto, em cada canto uma dor
> Depois da banda passar cantando coisas de amor.[7]

---
[7] Em: <http://letras.mus.br/chico-buarque/45099/>.

Ou seja, a ditadura continuava a dor da liberdade vigiada, da flagelação, das perdas de familiares, das perseguições, da proibição às novas ideias e ideais... Tudo permanecia, restando ao poeta e aos intérpretes da letra viverem na esperança de que um dia tudo isso iria passar e que a lua cheia, que estava escondida, apareceria e enfeitaria novamente o Brasil.

Na música popular encontramos a linguagem da sedução. Segundo Botafogo (2007, p. 75):

> A música popular brasileira tem-se constituído um campo de estudos para professores e pesquisadores, sobretudo nas últimas décadas, quando vem se intensificando a luta por novas concepções de leitura. Só se pode ensinar a juventude hoje, partindo da abertura intersemiótica das transformações entre os signos. Para entender a massa são necessários veículos de massa e a canção popular é um desses meios[...].

A autora trata de maneira pertinente da questão da semiótica. Os signos, sobretudo, os linguísticos, quando bem escolhidos, têm esse caráter de dar expressão à linguagem que, nesses casos, geralmente, manifesta-se em forma de poemas musicais. Daí o poder da sedução desses textos tão bons de serem lidos, estudados de maneira mimética e verossímil, pois nele encontramos o "eu poético" que habita dentro de nós. A mesma autora (op. cit., p. 77) ainda diz:

> a linguagem musical não é somente um recurso de combinação e exploração de ruídos, sons e silêncios em busca do chamado gozo estético,[8] é também um recurso de expressão (sentimentos,

---

[8] Destaque da autora citada.

ideias, valores etc.). É pela escuta que somos impulsionados a refletir sobre determinadas circunstâncias.

Reflitamos, ainda, sobre o poema de Luiz Gonzaga: "Assum Preto". Nele, o rei do baião fala do povo do sertão nordestino. Vemos o fenômeno do rotacismo, a troca do "l" pelo "r": vorta, frô, mardade... Fenômeno bem característico daqueles que estão aprendendo a língua oral ou residem em regiões em que essa troca é usada como fala oficial de determinado grupo linguístico; outros exemplos circulam pela oralidade: bicicreta, probrema, pruma... A tendência à despalatização: oio ("... mas Assum Preto cego dos oio não vendo a luz chora de dor..."), e, ainda, a presença do metaplasmo de prótese e apócope em "avuá" (acréscimo de fonema no início do vocábulo e perda no final, respectivamente). Além dessas particularidades linguísticas, vemos um poema que evoca a saudade e o amor, comparando a cegueira do Assum Preto (para cantar melhor) com o eu lírico que estaria cego de amor. Encontra-se, também, o dualismo luz e trevas. Sem amor, o poeta vive preso e nas trevas, assim como o pássaro em sua gaiola, sina optada pelo poeta que morre de amor.

As letras das melodias mencionadas estão na função poética e expressiva da linguagem, muitas com a presença da função conotativa e até mesmo metalinguística, como veremos no poema de cordel de Janduhi Dantas, que será apresentado mais adiante, ao final deste capítulo, quando o mesmo, usando a forma de versos de cordel, trata do emprego gramatical da vírgula.

Outro gênero textual, bem do cotidiano, é a propaganda, seja televisiva, seja em *outdoors*, seja sob a forma de panfletos. Ela faz, na maioria das vezes, o uso da linguagem verbal e não verbal, para induzir os leitores a adquirem algum produto. Aqui, encontramos, abundantemente, as funções conativa, fática e conotativa da linguagem.

Do discurso jurídico escrito poderemos citar vários exemplos como: contrato, atestado, requerimento, termo de cessão etc. Vejamos um modelo de Termo de Cessão, em que se cede, para o organizador, o direito autoral sobre um artigo que será publicado em uma obra, o qual o transfere para a editora.

Por ser um gênero escrito do discurso jurídico, fazem-se necessários: nome completo, número do RG, CPF, endereço, profissão, nacionalidade, estado civil e, ainda, a presença de assinaturas de testemunhas, uma do cedente e outra da editora. Alguns Termos de Cessão dispensam as testemunhas.

TERMO DE CESSÃO DE DIREITOS DE USO DE TEXTO EM OBRA COLETIVA

Pelo presente Termo de Cessão de Direitos de Uso, _____ (nome), _____ (nacionalidade), _____ (estado civil), _____ (profissão), RG_____ CPF_____, residente na _____ (Rua, Av., CEP), na cidade de _____ Estado de ___, ora denominado(a) CEDENTE, *AUTORIZA*, em caráter exclusivo e isento de quaisquer ônus, o uso de seu(s) texto(s) (NOME DO TEXTO OU TEXTOS) para publicação em obra coletiva a ser organizada por _____, Presidente do COMITÊ NACIONAL DO CERIMONIAL PÚBLICO – CNCP, RG: _____., e CPF: _____, ora denominado ORGANIZADOR.

O(A) CEDENTE declara que o(s) texto(s) em questão é(são) de sua autoria pessoal, responsabilizando-se, portanto, pela originalidade do(s) mesmo(s) e dá, ao ORGANIZADOR, plenos direitos para escolha do editor, meios de publicação, meios de reprodução, meios de divulgação, tiragem, formato, enfim, tudo o que for necessário para que a publicação seja efetivada.

O ORGANIZADOR se compromete a zelar pela qualidade editorial da publicação, garantindo que os conceitos e o pensamento do(a) CEDENTE permaneçam fiéis aos originais.

Esta Cessão vigorará por todo o período de proteção legal da OBRA, podendo o ORGANIZADOR realizar neste período quantas edições julgar conveniente.

Para maior clareza, firma-se este Termo na presença de duas testemunhas, abaixo identificadas.

_____ , ___ de _____ de _____ .

_____
CEDENTE

_____   _____
TESTEMUNHA   TESTEMUNHA
Nome: Nome:
RG: RG:

Para completar nossos exemplos desse último verso de prosa sobre os textos escritos, vejamos ainda um da literatura de cordel tirado do livro: *Lições de gramática em versos de cordel*, do autor paraibano Janduhi Dantas (2010, p. 43):

> A vírgula antes do *e*
> usa-se do mesmo jeito
> quando há um polissíndeto
> ("E forte, e bom, e perfeito");
> quando em período composto
> há mudança de sujeito.
>
> A vírgula entre o sujeito
> e o verbo da oração
> não deve ser colocada
> se juntos eles estão:
> em "*Joel, chutou a bola*"
> há erro de pontuação.
> A vírgula também não há
> entre o verbo e o complemento
> (a não ser que haja um termo
> lhes dando distanciamento):
> "Eu comprei, hoje, os tijolos",
> mas "Eu comprei o cimento".

Portanto, um cordel instrutivo, em que se aprende a gramática de maneira lúdica. Vemos a grandeza do autor em manter o seu texto, sempre em redondilha maior (versos de sete sílabas), o que favorece a musicalidade e memorização dos mesmos. Temos, aqui, a presença marcante da função metalinguística da linguagem.

Nos textos escritos encontra-se uma relação íntima entre o autor e seu leitor. Conforme Lira (2010a, pp. 177-178):

> O autor/leitor estabelece uma relação dialógica ao analisar o discurso que lê em que o lugar social e histórico de ambos, leitor e escritor, permitirão a produção de novos sentidos, reproduzindo-os ou transformando-os ao se tornarem conscientes das informações que veiculam em seus discursos. A leitura tem força determinante, e olhada do ponto de vista da ordem social, necessita considerar dois níveis: as condições sociais de acesso à leitura e as condições sociais do ato de ler. Há, portanto, uma relação ideológica de interpretações que o ato de ler ocasiona no leitor, que, a partir da tomada de consciência do social, deseja profundas mudanças em suas realidades. Essa é a finalidade básica do ler e do escrever; não somente decodificar textos descontextualizados que, muitas vezes, fazem nossos aprendentes tomar aversão aos discursos literários, porque não os entendem a partir de seus contextos.

Portanto, o texto escrito é para ser lido, entendido, interpretado, resenhado, recontextualizado e refaccionado, pois estará exercendo a sua função social e o fascínio de deleite que motiva os leitores maduros.

Para fazer o fechamento desta "viagem" verbal e não verbal através dos textos orais e escritos, propomos, ainda, a reflexão do último estíquio, um coroamento do que pretendemos com a nossa prosa em "versos".

Último estíquio

E, assim, vemos que trabalhando, entendendo e tendo em mãos os vários tipos e gêneros de textos, o aprendiz toma gosto de lê-los de maneira significativa e de produzi-los prazerosamente. Um artigo é, sempre, fruto de alguém que leu, estudou, refletiu e compartilhou. Dizemos que a pesquisa provém de algo que se obtém e que é criada para ser comunicada. Esperamos que o mesmo seja realizado pelos nossos leitores.

A partir daqui está lançada a semente. Agora teremos com certeza uma nova visão do que seja texto e de como ele se manifesta no social, tanto para compreendê-lo como para escrevê-lo.

Antunes (2003, p. 60) nos diz:

> A maturidade na atividade de escrever textos adequados e relevantes se faz assim, e é uma conquista inteiramente possível a todos – mas é "uma conquista", "uma aquisição", isto é, não acontece gratuitamente, por acaso, sem ensino, sem esforço, sem persistência. Supõe orientação, vontade, determinação, exercício, prática, tentativas (com rasuras, inclusive!), aprendizagem. Exige tempo, afinal. A escrita, enquanto sistema de codificação, é regida por convenções gráficas, oficialmente impostas.

Vemos com que lucidez a professora Irandé Antunes trata do processo de ensino-aprendizagem da escrita e, por que não dizer, da leitura, pois se escreve algo para que seja lido. Este último estíquio de "verso" propõe essa façanha: termos competência para ler e escrever bem os vários tipos e gêneros textuais, mas sem perder de vista os nossos destinatários e contextos sociais, pois os textos devem ser adequados ao público e aos ambientes aos quais se destinam. Isso tudo poderá parecer um ópio, ou mesmo algo inatingível, mas não é. Só se aprende buscando, fazendo. E habilidades é o que não faltam para aqueles e aquelas que desejam fazer um bom uso da nossa língua materna.

Finalizando, perguntamos: para que têm servido as aulas de Português? Creio que para quatro coisas: levar-nos a ler, escrever e falar com fluência e logicidade, ouvindo no momento certo, no tempo próprio, no gênero correto e adequado às práticas linguageiras.

Vejamos, agora, no próximo capítulo, a história da língua portuguesa e como os vocábulos e contextos sociais em que ela é falada pelo mundo podem mudar as concepções semânticas, fazendo com que as interpretações sejam múltiplas.

Referências

ANTUNES, Irandé. *Aula de Português*: encontro & interação. São Paulo: Parábola Editorial, 2003.

BOTAFOGO, Judite. *Ensaios*. Recife: Bagaço, 2007.

DANTAS, Janduhi. *Lições de gramática em versos de cordel*. 2. ed. Petrópolis (RJ): Vozes, 2010.

FERNANDES, Millôr. *Millôr definitivo*: a Bíblia do caos. 2. ed. Porto Alegre: L & PM, 1994.

_____. *O livro vermelho dos pensamentos de Millôr*. São Paulo: SENAC, 2000.

LIRA, Pe. Bruno Carneiro. *Alfabetizar letrando*: uma experiência na Pastoral da Criança. São Paulo: Paulinas, 2006.

_____. *Linguagens e a palavra*. São Paulo: Paulinas, 2008.

LIRA, Pe. Bruno Carneiro. *Leitura e recontextualização*: o discurso multicultural. São Paulo: Paulinas, 2010a.

_____. *O professor sociointeracionista e @ inclusão escolar*. 2. ed. São Paulo: Paulinas, 2010b.

PEREIRA, Égina Glauce Santos. *Retórica e argumentação*: os mecanismos que regem a prática do discurso jurídico. (Dissertação de Mestrado). Universidade Federal de Minas Gerais, Faculdade de Letras, 2006.

Capítulo 2
A língua portuguesa no mundo

NELLY MEDEIROS DE CARVALHO[1]

Introdução

A língua portuguesa, falada por cerca de 200 milhões de pessoas, coloca-se, do ponto de vista quantitativo, como a sexta língua do mundo, precedida pelo chinês, inglês, russo, espanhol, árabe e bengali. Aproximadamente a sétima parte da terra se expressa em português. Essa quantificação de números de falantes não é aceita com unanimidade. Alguns autores, como Arnaldo Niskier, consideram-na a quin-

---

[1] Possui doutorado em Letras pela Universidade Federal de Pernambuco (1993). Atualmente é professora adjunta 4 da UFPE, conselheira do Conselho Estadual de Educação e da Academia Brasileira de Filologia, administradora da Aliança Francesa, professora da Faculdade Frassinetti do Recife, membro do Conselho Social da UPE e da Comissão da Companhia Editora de Pernambuco. É colunista do *Jornal do Commercio* e publicou, entre outras obras, os livros *Publicidade, a linguagem da sedução* (Ática), *Princípios básicos de lexicologia* (EDUFPE), *Empréstimos linguísticos em Língua Portuguesa* (Cortez). Tem experiência na área de Linguística, com ênfase em Linguística Histórica. Atua principalmente nos seguintes temas: lexicologia, publicidade, propaganda.

ta e outros, a oitava. Mas a verdade é que a língua portuguesa está entre as dez línguas mais faladas, num universo de cerca de 10 mil.

A sua expansão foi consequência da grande epopeia dos descobrimentos em que a Península Ibérica ampliou para a Europa e para a civilização ocidental os limites da terra conhecida. A língua portuguesa, junto com o espanhol, difundiu-se por um vasto domínio que alcançou as regiões mais afastadas, enriquecendo-se com um caudal de experiências: flora estranha, fauna surpreendente e condições religiosas, políticas e sociais diferentes das conhecidas até então. Acolheu no seu vocabulário uma quantidade imensa de termos, enquanto cedia aos nativos a possibilidade de comunicação ampla que lhe dava a língua europeia, junto com a técnica da escrita e a já existente tradição literária.

Porém, vai muito além disso, pois vem a ser uma das línguas de cultura mais representativas do mundo ocidental, tendo, na sua literatura, um acervo de obras-primas que fazem parte do patrimônio universal. Está em pé de igualdade com o francês, o inglês, o alemão, o espanhol e o italiano, além do exótico e distanciado idioma de Tolstoi, o russo. E com essas línguas se forma a cultura básica do homem moderno.

Diz Jacinto Prado Coelho, estudioso português:

> O português é uma língua forjada e trabalhada durante mais de um milênio por sucessivas experiências coletivas, desenvolvidas a partir dos descobrimentos, em todos os continentes, uma

língua que está a ser constantemente enriquecida pela produção de várias literaturas originais, umas de âmbito nacional, outras de cunho regional – parte integrante da cultura universal, o que legitima, ou melhor, impõe os nossos valores perante o conjunto das nações do globo.

Domínio geográfico da língua portuguesa

Com a conquista de Ceuta, porta da África, iniciou-se a expansão do português, como língua de colonização e conquista. A seguir, foram colonizadas as ilhas atlânticas de Madeiras e Açores (desabitadas) e, em sucessivas conquistas, toda a costa ocidental da África. Seguiu-se o feito inédito, em 1488, de dobrar o cabo das Tormentas, que abriu os horizontes para os conquistadores e para seu instrumento de comunicação, a língua.

Os portos da Índia, Abissínia, Arábia, e até os do Japão e da China foram rota dos portugueses que, nos contatos, realizaram as trocas linguísticas: deixaram termos novos para as línguas locais e introduziram novidades em sua própria língua, referentes aos fatos vividos, objetos e hábitos encontrados, tornando-se a língua portuguesa o canal da inovação vocabular na Europa, o vetor das novidades dos novos mundos, para as demais culturas europeias.

A partir de 1500, na imensidade do continente sul-americano, iniciou-se a saga brasileira, construindo-se pouco a pouco a maior nação falante de língua portuguesa do mundo.

No Oriente, durante todo o século XVI, o comércio marítimo divulgou o idioma português, tornando-o a língua da comunicação entre europeus e orientais, advindo destes contatos a formação de duas línguas francas: o indo-português e o malaio-português. Atestados da presença do português na Ásia são os vocábulos de origem lusa, ainda hoje infiltrados nas diversas línguas orientais.

Ainda na América do Sul, foi o português a base do dialeto que constituiu a língua crioula de Curaçao. No Pacífico, na ilha de Java, persistem ainda hoje dialetos crioulos do português. Em Malaca (Malásia) e Cingapura, permanecem entre camponeses idosos os antigos dialetos do português crioulo.

Para Pilar Vasquez Cuesta, a geografia do Português é traçada inserindo-se o idioma no mapeamento da área linguística galaico-portuguesa, com quatro tipos de linguagem literária, o português europeu, o português brasileiro, o galego e o crioulo cabo-verdiano, correspondendo às normas cultas com igual denominação, assim como aos mesmos tipos de linguagem popular. Ao lado da norma padrão, a autora cita as variedades dialetais na Europa, África e Brasil e dialetos crioulos, quais sejam: o cabo-verdiano, o da Guiné, o de São Tomé, Príncipe e Ano Bom, o de Macau, o malaio-português, e o do Timor.

No Brasil, quanto à sua situação de colônia portuguesa, é obrigatório lembrar os estudos clássicos de Gilberto Freyre e de Sérgio Buarque de Holanda.

Diz o autor já citado que o primeiro dedicou-se a construir uma antropologia existencial do Nordeste açucareiro, em livros notáveis como *Casa-grande & Senzala* e *Sobrados e Mocambos*. O segundo descreveu com minúcia e elegância os hábitos do sertanejo luso-tupi em análises pioneiras de nossa cultura material (*Caminhos e fronteiras*), depois de ter empreendido uma síntese do processo colonizador em *Raízes do Brasil*.

> No trato dos comportamentos familiares, os ensaios de Gilberto Freyre e de Sérgio Buarque sugerem uma interpretação psicocultural do passado brasileiro. Torna-se uma leitura da nossa história escorada na hipótese geral de que o conquistador português já trazia em si traços de caráter recorrentes, que Sérgio Buarque chama de determinantes psicológicas, tais como o individualismo, qualificado como exaltação extrema da personalidade, o espírito aventureiro (daí, a ética da aventura oposta à ética do trabalho), o natural inquieto e desordenado, a cordialidade, o sentimentalismo sensual, que se exerce sem peias no que Gilberto Freyre classifica de patriarcalismo polígamo, a plasticidade social, a versatilidade, a tendência à mestiçagem (que já viria dos cruzamentos com os mouros), intensificada pela carência de orgulho racial, atributo que comparece nas caracterizações de ambos os estudiosos (Alfredo Bosi).

Foram estes os vários modos da chamada assimilação luso-africana e luso-tupi que marcaram a história da colonização tanto no Nordeste dos engenhos e quilombos quanto no Sul das bandeiras e missões. A cultura resultante está impressa na língua, nas variedades eruditas e literárias, sobretudo nas populares, e dela derivou uma literatura com estilo próprio e personalidade brilhante, segundo Pilar Vasquez Cuesta.

Consequências da colonização: uma língua transplantada

Nenhuma língua viva é um todo uniforme. Assim acontece também com o português, ainda mais uma língua transplantada. Ela evoluiu à margem do academicismo e do cerceamento das gramáticas prescritivas.

Vendryès, linguista francês, lembra que o esforço dos gramáticos em manter a língua estática, sem mudanças, funciona como a superfície congelada de um rio. Por baixo do gelo, há o curso d'água, a vida continua a correr e mais adiante, com força, rebenta a camada que o imobiliza. A atividade linguística torna o sistema dinâmico, não permite "congelamento"; nem sons, nem formas, nem sentidos são imutáveis. As mudanças se fazem lentas, imperceptíveis, porém inexoráveis. Essas mudanças são consequências da própria história dos povos no tempo, no espaço, nas condições sociais, de onde resultam as variantes.

O povo português, na sua permanente inquietação e sede de expansão, assimilou influências de falares e de nomes de coisas e costumes que descobriu por esses mundos que desbravou, conforme já referido.

Mas a língua transplantada desenvolveu-se uniformemente dentro de tendências preexistentes. Em relação ao Brasil, deve-se observar como bem o faz Serafim da Silva Neto, que, embora a colonização tenha se iniciado no século XVI, só no século XVII é que alcança a maior parte do território. Nesses núcleos a linguagem implantada foi a das províncias, sobretudo do norte de Portugal, e a dos Açores, no Rio Grande do Sul (com Porto dos Casais) e Santa Catarina, mas também no Pará, no extremo Norte do Brasil. Atribui-se aos paraenses, como característica, num tom jocoso, a frase "uma canua cheia de cucos de pupa a prua", ou seja, a passagem do "o" tônico a "u", explicando-se como causa a influência dos falares açorianos, dos povoadores iniciais.

Na transplantação da língua não foi apenas a língua comum que atravessou oceanos, mas todo um domínio linguístico. A língua portuguesa entrou em contato, no mundo da aventura lusa, com tantas coisas novas para denominar, tantas sensações para referir, tantas estranhezas para contar, que teve de munir-se de um vocabulário renovado, tomado das línguas em contato. O núcleo inicial manteve-se, o que lhe conferiu um caráter uniforme. Os campos semânticos fundamentais permaneceram (parentesco, acidentes geográficos, partes do corpo, condições climáticas, divisão do tempo) e a estrutura da língua conservou-se: conjugação verbal, formas pronominais, palavras instrumentais, ordem frasal. O que sofreu variações foram as escolhas e usos, mas, sobretudo, o vocabulário referente a características regionais. A entonação constituiu-se a diversidade mais marcante.

A unidade da língua foi mantida não numa monótona e impossível uniformidade, o que estaria fora das características de uma língua viva, mas, numa unidade de admirável intercompreensão dentro de uma imensa gama de variedades. Entre as variedades brasileiras, ainda estão vivas e produtivas as de ascendência açoriana. Em pesquisas realizadas em Santa Catarina e no Rio Grande do Sul, foram recolhidos os termos "guecha" (vaca que ainda não deu leite), "acavê" e "recavem" (partes do carro de boi) e "chimarrita" (dança açoriana transplantada). A tendência nordestina de transformar o "g" em "x" explica-se pela colonização feita por imigrantes do Norte, da região do Douro e do Minho, esta por sua vez com forte influência galega. Só assim podem ser explicadas transformações, entre muitas outras, como "oxente" (ó gentes) e "vixe" (Virgem), usadas como interjeição.

Assim é a língua portuguesa no Brasil e no resto do mundo, revelada por Portugal: uma língua em permanente mudança e expansão para adaptar-se aos tempos presentes, sem perder a ligação com suas origens. Poderíamos dizer: mudam-se os tempos, muda-se a linguagem, parafraseando Camões, mas não a língua, que permanece como traço de unidade entre os povos.

A língua portuguesa, uma língua muito viva, é, por isso mesmo, heterogênea e ativa, testemunhando os grupos e nações que falam e que são tão diversos entre si. Esta diversidade não afeta a unidade da língua, mas, ao contrário, enriquece-a. Se, com a diferença começa a existência, com a diversidade de usos é que ela se mantém. Só uma língua sem vida e sem uso (o latim, por exemplo) é que se mantém uniforme.

Paul Teyssier chama a atenção para o caráter ecumênico da língua portuguesa, lembrando que é fundamental a unidade Portugal-Brasil, não devendo ser atingido um limite para além do qual se torne impossível a comunicação.

Entraram no século XXI, como falantes oficiais da língua portuguesa, as seguintes nações:

- Na Europa, Portugal;
- Na América do Sul, o Brasil;
- Na África, a República de Angola, São Tomé e Príncipe, Cabo Verde, Moçambique, Guiné-Bissau;
- Na Ásia, Timor Leste.

Macau, antiga possessão portuguesa, foi devolvida à China em 1999, e Goa (Índia) há muito deixou de ser falante oficial do português. Em compensação, só em 2001 o Timor Leste, com sua independência, passou a integrar a comunidade de países lusófonos, adotando o português como língua oficial.

Mapeamento político das línguas mais faladas

Analisando a situação atual da língua portuguesa em relação aos países lusófonos, pode-se observar que a mesma não é uniforme, pois, apesar de oficial, o português não é língua materna de todos os cidadãos dos países africanos e, no Brasil, da população indígena.

Para estudar esse fator, observa-se que a irradiação mundial de uma língua desenvolve-se em três planos diversos. O primeiro é a função de língua materna. O segundo é o de língua oficial de um Estado. O terceiro é o de língua de comunicação mundial. Uma rápida vista pelas estatísticas mais recentes mostra que a ordenação das línguas, pela sua expansão no mundo, seria a seguinte, como línguas oficiais:

- o chinês-mandarim;
- o inglês;
- o urdu;
- o espanhol;
- o russo;
- o português;
- o malaio;
- o árabe;
- o bengali;
- o japonês, em igualdade de condições com o francês, o alemão;
- o italiano.[2]

A análise é mais fina ao distinguir o papel materno do oficial. Começando pelo fim, o alemão é materno para cerca de 105 milhões de pessoas, mas oficial para 95 milhões apenas. Em comparação, o francês é materno só para 75 milhões, mas é oficial para 135. Isso se dá em razão de as antigas colônias africanas da França terem o francês por língua de estado e pelo fato de a Alemanha não ter colônias

---

[2] Fonte: jornal *O Público*. Lisboa, 10 jul. 1999.

há mais de 90 anos, havendo, porém, cidadãos de fala alemã em países europeus de outras línguas oficiais. No caso do português e do malaio, muito próximos em número de falantes, a língua portuguesa é materna para 175 milhões e oficial para 195, pela mesma razão do francês; o malaio é materno para 60 milhões, mas oficial para 190.

A relação do mandarim para o inglês é como a do português para o malaio: os usuários do mandarim são em maior número, mas a proporção materno/oficial é muito maior: 75% contra 50%, a favor do inglês.

Mais difícil é a quantificação do terceiro papel, o da comunicação mundial. Podem calcular-se números e tiragens de traduções, por exemplo; também o uso como língua na ONU, em congressos, nos mídias da ciência; ou a audiência de canais televisivos via satélite. Mas fica de fora o mais difícil de medir: o número de usuários nas relações comerciais e no turismo, de leitores de belas-letras, de seguidores das mídias jornalísticas, de fãs de canções e de "clips". Em tudo isso, uma língua irradia fora da sua área materna ou oficial.

Tentativa recente de ponderar o peso relativo das grandes línguas no mundo – tarefa cheia de ciladas (escolher critérios quantificáveis e significativos, escolher a ponderação entre eles, conseguir medir o que pedem) – vem das pesquisas das universidades. A qualidade das várias pesquisas não esconde a geratriz geopolítica das estruturas: trata-se de apurar a língua matriz da globalização em confronto com as outras línguas maiores.

Conhecimento: fonte e registro

No mundo atual, o progresso tecnológico é de tal ordem, que, através dos meios de comunicação, o mundo se tornou a famosa aldeia global. Esses meios de comunicação favorecem privilégios onde o fator político se associa ao econômico. Eles são transnacionais: a comunicação necessita de uma língua que também o seja, pelo valor de uma tradição cultural e, como não podia deixar de ser, pela capacidade dos povos que a falam. As línguas que se impõem hoje formam grandes conjuntos, como a anglofonia, a francofonia, a hispanofonia, onde deve se incluir a lusofonia; já não importa a identidade nacional, mas a linguística transnacional. Só as línguas de sólida e extensa cultura terão condições de se impor.

O desenvolvimento socioeconômico dos países de língua latina, entre os quais se situam os países lusófonos, depende em grande parte do desenvolvimento da ciência e da tecnologia de ponta. Enquanto houver apenas, em sua maior parte, importação de produtos e artefatos, atendendo a interesses externos, e não forem intensificadas pesquisas para conhecer processos e caminhos, atendendo a interesses internos, a ciência caminhará lentamente dentro das fronteiras dos países lusófonos. Observa-se que barreiras intra e interlinguísticas reduzem significativamente o intercâmbio informacional necessário à transferência crítica de terminologias, passando pelo crivo das reais necessidades de cada país, e dificultam a formação de cientistas, técnicos e profissionais que dominem as tecnologias de ponta.

A produção de conhecimento científico deve ser incentivada dentro das fronteiras da lusofonia. Segundo as reflexões do professor Antônio Houaiss, no seminário de Tropicologia da FUNDAJ (1986), este conhecimento tem sua base no vocabulário da língua e

> uma língua de cultura moderna de ponta deverá ter um vocabulário amplo, em torno de 450 mil palavras, em permanente expansão. Nas armazenagens que se fazem nas línguas de cultura para a CEE, a fim de que a tradução seja eficaz nas diversas ciências (exatas, humanas, biológicas) e nas relações humanas; os computadores averbam pelo menos 1 milhão de conceitos para cada uma das línguas inscritas.

Continua o sábio filólogo afirmando que

> o mundo da emoção, o mundo da contemplação, o mundo do afeto pode ser transmitido com poucas palavras. Mas a física, a matemática, a biologia, a filosofia necessitam de um vocabulário amplo e diversificado, ao mesmo tempo claro e exato, sem dubiedades, para que se possa construir e transmitir o conhecimento.

Problemas e soluções

Segundo o linguista brasileiro Dino Preti, "a imprensa é o melhor termômetro das variações linguísticas, da incorporação de certos usos, da sua elevação à condição de norma linguística da comunidade". Se for feita uma pesquisa em alguns veículos da imprensa brasileira nos últimos anos, perceber-se-á claramente que a língua portuguesa tem recebido certo destaque. Os brasileiros estão valorizando e tratando melhor o idioma depois que o prêmio Nobel foi dado ao escritor português José Saramago.

Numa análise rápida, pode-se constatar que há perspectivas diferenciadas no tratamento da língua que se usa no Brasil. Há pelo menos duas visões contrastantes: a daqueles para quem a língua portuguesa está sendo *massacrada e exterminada* e a daqueles para quem as mudanças ocorridas na língua portuguesa falada e escrita, no Brasil, resultam de fenômenos linguísticos naturais e peculiares a qualquer língua viva.

Ataliba Castilho assegura que

> a questão da defesa da língua é uma falsa questão, uma vez que ninguém estaria atacando a língua portuguesa. O prestígio e a capacidade de expansão de uma língua seriam resultado não de estratégias de defesa, mas do prestígio e do poder de expansão da nação que a fala e da cultura associada a ela.

Apesar disso, alguns problemas rondam a política linguística do idioma português, como seja a falta de estabelecimento de linhas de ação e acordo entre os países lusófonos. Um deles é a dualidade ortográfica entre Brasil e Portugal (e os países africanos seguem a orientação de Portugal).

Ainda segundo Antônio Houaiss, que foi em vida o representante brasileiro nas negociações do Acordo Ortográfico, somos a única língua de cultura no mundo a ter duas ortografias oficiais. O fato traz dificuldades no plano da política editorial, das relações diplomáticas com os organismos internacionais, que hesitam em relação à escolha da grafia, evidenciando-se assim a necessidade de um estatuto ortográfico que supere as peculiaridades tópicas.

Outra dificuldade é a relativa à terminologia tecnológica, que tem ligação com o tema já abordado de construção do conhecimento. Os povos lusófonos são herdeiros de uma língua e de uma visão de mundo que adaptaram e alargaram. Mas correm o risco de abastardar essa herança ao adotarem anarquicamente as denominações terminológicas que semeiam o descaso e a negligência com o próprio instrumento de comunicação. A ausência de uma política terminológica, de diretrizes únicas para adaptação e tradução de nomenclaturas técnico-científicas, e sua consequência direta, o empréstimo linguístico, constituem, muitas vezes, uma barreira intralinguística no português. A falta de normatização (cada país, cada região, cada técnico traduz ou usa como lhe convém) contribui para confundir o jogo de cristalizações já cristalizado, a grafia e a sintaxe. Passam a ocorrer processos de derivação e flexões fora dos padrões da língua.

Estes são alguns dos problemas a serem superados pela lusofonia.

Breve histórico da literatura

As literaturas dos países lusófonos refletem o poder descritivo, a riqueza vocabular, a plasticidade e a elegância dos torneios sintáticos em língua portuguesa.

A história da língua portuguesa divide-se em três grandes épocas: pré-histórica, proto-histórica e histórica. A primeira vai até o século IX, quando surgem os documentos latino-portugueses. A segunda vai do século IX ao XII, quando os textos são redigidos em latim bárbaro, entremeados com palavras já em português. Na fase histórica, iniciada no século XII, a língua portuguesa já é escrita, e surge a poesia trovadoresca galaico-portuguesa. É o início da literatura, na fase arcaica, que vai do século XII ao XVI, quando se forjou o padrão escrito da língua. A fase moderna, dividida em clássica e atual, vai do século XVI até os dias de hoje e tem seu início marcado pela poesia de Luís de Camões. Foi ele o poeta que a tornou um meio de expressão capaz de cantar com engenho e arte os feitos e o feitio do povo luso. Todos os movimentos literários europeus foram representados na literatura portuguesa. Podemos destacar figuras ímpares como Pe. Antônio Vieira, no Barroco, Castilho, Herculano, Garret, no Romantismo, e Eça de Queiroz, insuperável nas narrativas realistas. Nos tempos modernos, a poesia universal de Fernando Pessoa e a arte premiada de Saramago. Esses movimentos tiveram repercussão no Brasil, onde se destacaram as narrativas indianistas de José de Alencar, o estilo elegante e irônico de Machado de Assis e, com o Modernismo, a poesia de Bandeira, Drummond e João Cabral, junto com a prosa do genial Guimarães Rosa. Na África, as ex-colônias possuem autores consagrados como Mia Couto, Pepetela (Moçambique) e José Eduardo Agualusa (Angola).

Considerações finais

Portugal, Brasil e *a África portuguesa* unem-se em torno de uma língua e de uma cultura que têm suas raízes no solo luso. A essa cultura que Silvio Elia denomina *lusíada*, o Brasil agregou novos elementos, assim como os países africanos, sem perder de vista a unidade. Deverá ser este fator o elemento de sustentação da língua portuguesa, em seus embates no mundo, pois o domínio linguístico português é o reflexo de outra unidade – a supranacional–, de uma substância amalgamada pela história, a que se costuma chamar de cultura portuguesa. Cultura admiravelmente plástica, que soube adaptar-se sem perder-se, condescender sem se trair. Cultura que soube estruturar, interligando-os, territórios não contínuos, mas separados por distâncias incomensuráveis; que transplantou traços culturais e realidades materiais da África para a América, da Ásia para a América, sancionando-os e aprovando-os com a sua experiência comum. Assim criou uma unidade para além dos espaços, para além do tempo e até mesmo para além das soberanias. A perenidade dessa cultura deverá ser uma obra de sábia e soberana política em comum.

Referências

BOSI, Alfredo. *Dialética da colonização*. São Paulo: Companhia das Letras, 1992.

CASTILHO, Ataliba Teixeira de. *Nova Gramática do Português*. Brasileiro. São Paulo: Editora Contexto, 2010.

COELHO, Jacinto Prado. *Originalidade da Literatura Portuguesa*. 2. ed. Lisboa: Instituto de Cultura e Língua Portuguesa, 1983.

HOUAISS, Antônio. *O português no Brasil*. Rio de Janeiro: Tempo Brasileiro, 1985.

PRETI, Dino. Estudos de língua oral e escrita. São Paulo: Edusp, 1989.

SIVA NETO, Serafim. *História da língua portuguesa*. 5. ed., Rio de Janeiro: Presença, 1988.

TEYSSIER, Paul. *História da Língua Portuguesa*. São Paulo: Martins Fontes, 1997.

VÁSQUEZ, Cuesta Pilar; MENDES DA LUZ, Maria Albertina. *Gramática da Língua Portuguesa*. Lisboa, Edições 70, 1971.

VENDRYÈS, J. *Le Langage*: Introduction Linguistique à l' Histoire. Preface de Henri Berr. Paris: La Renaissance du Livre, 1921.

Bibliografia geral

BASSO, Renato. *O português da gente*. São Paulo: Contexto, 2006.

CÂMARA, JR.; J. MATTOSO. *História e estrutura da língua portuguesa*. Rio de Janeiro: Padrão, 1979.

COSERIU, E. *Sincronia, diacronia e história*: o problema da mudança linguística [1973]. Rio de Janeiro/São Paulo: Presença/USP.

FARACO, Carlos Alberto. *Linguística histórica*. São Paulo: Ática, 1991.

ILLARI, Rodolfo. *Linguística românica*. São Paulo: Ática, 1990.

Capítulo 3

Língua portuguesa e Literatura brasileira
Uma experiência de ensino integrado através
dos gêneros textuais conto, crônica e memória

MARTA DA SILVA AGUIAR[1] E LÍVIA SUASSUNA[2]

Introdução

Produzir um capítulo para uma coletânea intitulada: *Reflexões linguísticas*, com a preocupação de refletir sobre o ato de ler e escrever, nos impele à seguinte pergunta: Mas, afinal, o que significa "ler e escrever bem"? Para tentar responder a tal questionamento, é preciso considerar que os modelos de uma boa leitura e de uma boa escrita vêm se transformando com o passar dos tempos. Logo, aquilo que admiramos ou deixamos de admirar em um leitor/autor possui um caráter histórico e está associado a diferentes concepções de língua.

---

[1] Graduada em Letras pela Universidade Federal de Pernambuco (UFPE); mestranda do Programa de Pós-graduação em Educação (PPGE-UFPE), professora de Língua Portuguesa e Literatura da Rede Estadual de Ensino de Pernambuco.

[2] Doutora em Linguística pela UNICAMP e professora do Centro de Educação da UFPE (Departamento de Métodos e Técnicas de Ensino – Programa de Pós-graduação em Educação). Autora de diversos livros e artigos sobre o ensino de Língua Portuguesa e Literatura Brasileira.

No âmbito das escolas brasileiras, as práticas de leitura e escrita estiveram tradicionalmente associadas a uma conceituação de língua como um código, um sistema fechado e imutável. Dessa forma, o aluno tido como bom leitor era aquele capaz de decodificar, localizar informações, identificar as intenções do autor do texto. Como afirmam Rösing e Zilberman (2009), durante muito tempo a leitura pretendida e priorizada pela escola era aquela destinada à difusão da língua padrão e da literatura canônica, já conhecida pelas elites que frequentavam a escola. Consequentemente, o bom escritor era aquele capaz de usar eficazmente o código linguístico, de seguir os modelos, geralmente retirados de textos literários, de conhecer e aplicar as regras gramaticais e ortográficas. Nesse tipo de ensino, o domínio da gramática e da metalinguagem era tomado como um pré-requisito para a produção de um bom texto. Segundo Marinho (1997, p. 87),

> o ensino de português priorizava (em muitas escolas não prioriza mais) o estudo da teoria gramatical. O trabalho desenvolvido em sala de aula se concentrava no estudo da gramática, entendida como "um conjunto de regras que devem ser seguidas para se falar e escrever corretamente".

A partir das últimas décadas do século XX, passa a se desenvolver uma noção mais ampla de língua, como processo de interação situado sócio-historicamente, o que trará para o centro das discussões elementos deixados de lado em outros modelos teóricos (quem escreve, para quem escreve, com que intenção escreve, a partir de que lugar social). Acompanhando essa perspectiva, o ensino de língua materna deixa de priorizar exclusivamente o ensino de regras gramaticais e da metalinguagem para proporcionar ao estudante uma reflexão sobre o uso e o funcionamento da língua. Nesse contexto, uma prática pedagógica que pretenda levar os alunos a lerem e escreverem bem deve proporcionar atividades significativas para o desenvolvimento das práticas de leitura e escrita no ambiente escolar e não impor modelos que devem ser copiados pelos estudantes. Deve-se, pois, "colocar o estudo formal da linguagem a serviço do dizer, considerando que, acima de tudo, a aula de português deve ser um momento de produção simbólica e constituição de subjetividades" (SUASSUNA, 2006, pp. 32-33).

Partindo das reflexões anteriores e tendo por objetivo discutir questões referentes à leitura e à escrita no âmbito das aulas de Língua Portuguesa, pretendemos retomar neste trabalho uma experiência vivenciada, em 2007, durante a disciplina Prática de Ensino de Português 2 (PEP 2), oferecida pelo Centro de Educação da Universidade Federal de Pernambuco, Departamento de Métodos e Técnicas de Ensino, e ministrada pela Profa. Dra. Lívia Suassuna.

A disciplina em questão prevê a observação e a regência de turma nas áreas de Língua Portuguesa e Literatura. Acompanhamos,[3] então, durante 41 horas-aula (20 de observação e 21 em regência), uma 8ª série (atual 9º ano)

---

[3] O estágio supervisionado de observação e regência de turma de que trata este artigo foi realizado em dupla, pelas então licenciandas Marta Aguiar e Karenina Rodrigues.

do Ensino Fundamental, no turno da noite. As observações tiveram por objetivo traçar o perfil do grupo-classe, bem como caracterizar a prática do professor-supervisor.[4] A partir de tais informações, juntamente com a análise das competências dos alunos na área de linguagem e do projeto didático do professor-supervisor, foi elaborado um projeto didático sobre o seguinte tema: "Produção de memórias: sua importância para a compreensão do sujeito".

O projeto didático desenvolvido no âmbito da disciplina PEP 2 articula práticas de leitura, análise linguística e produção textual em torno de temas relevantes para a comunidade escolar e para a sociedade como um todo. Tais temas são abordados a partir de diferentes gêneros textuais, pois "o uso de uma grande diversidade de textos e de linguagens permite perceber os diferentes enfoques e a ideologia embutida no que se lê" (*Revista Nova Escola*, 1994, p. 15). Assim, a disciplina proporciona uma visão integrada e contextualizada do ensino de língua materna na educação básica.

A turma, o professor-supervisor, sua prática e o projeto didático

Nosso projeto, como já dito, foi desenvolvido na 8ª série do Ensino Fundamental de uma escola pública da rede estadual de ensino de Pernambuco, situada no município

---

[4] O termo "professor-supervisor" denomina o docente de Língua Portuguesa da turma em que realizamos nossas observações e regência.

de Abreu e Lima (Região Metropolitana de Recife – PE). A turma que acompanhamos era composta por 20 alunos, com idades entre 20 e 50 anos e, em sua totalidade, oriundos da comunidade na qual a escola está inserida. No decorrer das observações, nossas conversas com alguns discentes revelaram que muitos haviam parado de estudar há 20 ou 15 anos. Outros haviam ingressado quatro ou cinco vezes na 8ª série, sem conseguir concluí-la, e almejavam a conclusão do Ensino Fundamental para poder ingressar em um curso supletivo para o Ensino Médio.

No que diz respeito ao perfil socioeconômico da turma, observamos que todos os alunos pertenciam a camadas sociais baixas. Todos trabalhavam durante o dia em empresas ou lojas ou realizando trabalhos domésticos em sua própria casa, e estudavam à noite.

O professor-supervisor, licenciado em Língua Portuguesa pela Universidade Católica de Pernambuco (UNICAP), trabalhava na escola em questão há 23 anos e não possuía outros vínculos empregatícios. Além disso, não havia cursado nenhuma pós-graduação e apenas participava das capacitações oferecidas pelo Governo do Estado.

Durante as observações, percebemos que ele não costumava fazer um planejamento de aula. Questionado sobre o tema, o mesmo explicou que, no decorrer do ano letivo, eram realizados três tipos de atividades alternadamente, tal como descrito abaixo.

- *Seminários sobre tópicos gramaticais*: a turma era dividida em grupos, ficando cada grupo responsável por apresentar um tópico gramatical. A apresentação das equipes devia consistir em uma explanação sobre o tema, seguida de exercício. No dia da apresentação da equipe responsável por adjunto adnominal, por exemplo, o professor passava um visto no caderno de todos os alunos.

- *Leitura de livro paradidático*: cada grupo escolhia um livro para ser lido. Nos dias determinados para cada equipe, os alunos apresentavam um resumo do livro e diziam "o que entenderam da história" (palavras do professor).

- *Produção de memórias*: cada aluno devia ter um caderno no qual faria anotações sobre diversos temas, que não precisavam ter uma ligação com o conteúdo trabalhado em sala de aula. Esses textos poderiam remeter a uma notícia de jornal, a um fato acontecido na vida do aluno ou, ainda, a alguma questão que estivesse sendo discutida no país.

É importante ressaltar, contudo, que essa falta de planejamento prévio traz consequências negativas para o processo de ensino-aprendizagem. Sabemos que são muitas as dificuldades enfrentadas pelos professores da rede pública de ensino com respeito à realização da tarefa docente. Entre elas estão: os baixos salários, a extensa carga horária e a falta de recursos didáticos adequados. Acreditamos, porém, que tais obstáculos não justificam o descompromisso com o processo pedagógico. É preciso que professores e alunos desenvolvam a consciência de que

> aprender não é um processo que se efetive sem rotinas ou ocorra de forma espontânea e mágica. Ao contrário, exige, exatamente

em virtude da intencionalidade contida no conceito de ensinagem,[5] a escolha e execução de uma metodologia adequada aos objetivos e conteúdos do objeto de ensino e aos alunos. Exige do professor, além do domínio do conteúdo a ser ensinado, a competência para uma docência de melhor qualidade (ANASTASIOU; PIMENTA, 2005, p. 211).

Na fase de observação do grupo-classe, tivemos a oportunidade de assistir à apresentação de uma dupla de alunas sobre predicado verbal. Inicialmente, elas fizeram uma breve exposição em que definiram predicado como a parte da oração que traz informações sobre o sujeito. A partir daí, fizeram a diferenciação entre predicado verbal, nominal e verbo-nominal. Para cada tipo de predicado as alunas escreveram exemplos no quadro:

- "A lua ainda não nasceu" (predicado verbal).
- "A jovem está alegre" (predicado nominal).
- "O poeta chegou alegre" (predicado verbo-nominal).

Em seguida, como havia sido proposto pelo professor-supervisor, as alunas distribuíram uma ficha de exercícios sobre o tópico gramatical. As questões da ficha eram lidas pelas educandas e rapidamente já eram dadas as respostas. Assim, os colegas que estavam assistindo ao seminário mal tinham tempo de responder. Nota-se, nesse tipo de atividade, a falta de uma consciência crítica com relação ao objeto de ensino, que em momento algum foi pro-

---

[5] As autoras tomam "ensinagem" como método dialético de ensino, em que professores e alunos constituem-se como sujeitos da construção do conhecimento. Em tal perspectiva, ensino e aprendizagem são indissociáveis.

duzida pelo professor-supervisor. Como diz Freire (1996, p. 32): "A promoção da ingenuidade para a criticidade não se dá automaticamente, uma das tarefas precípuas da prática educativo-progressista é exatamente o desenvolvimento da curiosidade crítica, insatisfeita, indócil".

A natureza de tais práticas faz com que questionamentos sobre a importância do ensino de gramática sejam aqui retomados. Parece ser claro, após muitos debates e discussões, que o ensino de gramática é um dos elementos que integram o trabalho com a Língua Portuguesa no ambiente escolar. Contudo, é preciso que os professores estejam convencidos de que "o ensino gramatical somente tem sentido para auxiliar o aluno" (GERALDI, 1997b, p. 74). Também não podemos esquecer, enquanto educadores, que "o domínio efetivo e ativo de uma língua dispensa o domínio de uma metalinguagem técnica" (POSSENTI, 1996, p. 53). O espaço escolar deve propiciar ao aluno situações diversas de uso da língua, para que o mesmo possa desenvolver diferentes mecanismos de linguagem e expandir sua experiência interlocutiva.

No que diz respeito às atividades de leitura, a falta de planejamento prévio figurou mais uma vez como empecilho à aprendizagem do alunado. Em uma das aulas, foi realizada a leitura do texto "Política ou politicalha?" (presente no livro didático). Primeiramente, um dos alunos realizou a leitura completa do texto e, em seguida, o mesmo foi feito por outro aluno. O professor-supervisor sugeriu, então, que a leitura fosse feita mais uma vez, da seguinte forma: cada aluno leria um parágrafo do texto. Terminada essa etapa, o professor disse que nem todos haviam participado. Então, a atividade foi repetida. Por fim, o docente também fez uma leitura em voz alta e, poucos minutos antes do final da aula, sugeriu: "Agora nós vamos ler o texto parágrafo por parágrafo e ver o que autor está querendo dizer".

Segundo Geraldi (1997b, p. 64), "A leitura de um texto curto (noticiário, crônica, conto etc.) não exerce uma função aleatória na sala de aula. Com os textos curtos, o professor poderá exercer sua função de ruptura no processo de compreensão da realidade".

Percebemos, porém, que a atividade de leitura foi realizada pelo professor-supervisor apenas com o intuito de preencher o tempo da aula. Devido à falta de planejamento, aparentemente, o docente não tinha em vista nenhuma competência de leitura a ser desenvolvida, não contribuindo, assim, para a formação de leitores maduros, sendo que

> a maturidade de que se fala aqui não é aquela garantida constitucionalmente aos maiores de idade. É a maturidade de leitor, construída ao longo da intimidade com muitos e muitos textos. Leitor maduro é aquele para quem cada nova leitura desloca e altera o significado de tudo que ele já leu, tornando mais profunda sua compreensão dos livros, das gentes e da vida (LAJOLO apud GERALDI, 1997b, pp. 91-92).

A produção de textos restringiu-se à escrita de memórias durante o decorrer do ano letivo. Tivemos a oportunidade de observar o professor-supervisor explicando tal atividade para os alunos. O docente disse que os alunos deveriam fazer uso de cadernos tipo brochura para escreverem suas memórias. Confusos, os alunos perguntaram sobre o que eles deveriam escrever. O docente respondeu que poderia ser sobre qualquer coisa: algo que tivesse acontecido durante o dia, alguma notícia de jornal etc.

Percebemos, na prática do professor-supervisor, dois aspectos que merecem discussão: os alunos têm que produzir um gênero textual com o qual, aparentemente, nunca tiveram contato e o próprio docente não apresenta clareza com relação às características do gênero a ser produzido. O trabalho com diferentes gêneros textuais tem se tornado cada vez mais recorrente, porém, não se pode perder de vista que "os gêneros textuais se constituem como ações sociodiscursivas para agir sobre o mundo e dizer o mundo, constituindo-o de algum modo" (MARCUSCHI, 2002, p. 22).

Também não consideramos adequado o modo como as produções eram avaliadas pelo professor-supervisor. O docente não recolhia os cadernos de memórias, apenas conferia visto às produções dos alunos, sem antes realizar uma leitura cuidadosa. O único critério de avaliação utilizado pelo professor-supervisor parecia ser a produção dos próprios textos. Lembra Marinho (1997, p. 91):

> Para avaliar a produção de textos na escola e comunicar-se com os alunos através de seus textos, agindo então como seu interlocutor, o professor deve definir critérios qualitativos para a análise dos mesmos, explicá-los aos alunos e, ao analisar seus textos, usar marcas gráficas convencionais, que se refiram tanto a seu aspecto formal quanto ao seu aspecto conceitual [...] Expondo e

explicando aos alunos os critérios e os códigos utilizados para a avaliação dos textos, o professor lhes possibilita o trabalho de revisão e de reescrita de seu próprio texto.

Como os alunos não tinham seus textos avaliados a partir de critérios previamente estabelecidos e explicitados, acabavam por não reescrevê-los, deixando de lado uma das etapas essenciais para a construção de sujeitos de linguagem.

Com o intuito de ressignificar uma prática que já vinha sendo desenvolvida em sala de aula, transformando-a em algo verdadeiramente relevante para os alunos, escolhemos, como já foi dito na introdução, o seguinte tema para o nosso projeto didático: "Produção de memórias: sua importância para a compreensão dos sujeitos". Um dos nossos objetivos principais era fazer com que os alunos percebessem a pertinência e o significado social e individual do gênero memória como um elemento de reflexão do sujeito sobre si mesmo. Para alcançar tal objetivo e, ao mesmo tempo, expandir a capacidade interlocutiva dos alunos, optamos por trabalhar com três gêneros textuais diferentes: crônica, conto e memória.

Para o estudo do gênero textual memória (cerne do nosso trabalho), selecionamos o livro *Infância*, de Graciliano Ramos. Segundo Lemos (2007, p. 2),

> A leitura do livro *Infância* (1980), especificamente, tem o poder de promover o encontro do narrador com o leitor e do leitor consigo mesmo, pois suas memórias de infância poderão ser somadas às memórias narradas e, quem sabe assim, construir novos elementos conceituais, éticos e estéticos para a compreensão da formação do sujeito.

A execução do projeto didático
Crônicas: mobilização e leitura

Ao apresentarmos para os alunos o tema escolhido para as nossas aulas, ficamos surpresas com a reação deles, pois todos, sem exceção, foram contra a proposta. Questionamos, então, o porquê da repulsa ao tema, e muitos alunos fizeram relações com o que vinham desenvolvendo com o professor-supervisor e disseram que produzir memórias era algo "muito chato". A fim de reverter tal situação, organizamos a sala em um semicírculo para conversar informalmente sobre o tema. Foi dada a oportunidade a cada aluno de argumentar sobre as razões que o faziam não querer que seguíssemos com o projeto didático. Dentre alguns argumentos, transcrevem-se abaixo:

> "Memórias, pelo que eu sei, são lembranças... e lembrar o passado nem sempre é bom."
>
> "Uma vez o professor mandou a gente escrever uma memória. Ele disse para a gente escrever o que quisesse. Eu já não gosto muito de escrever... eu não sabia nem o que falar... eu menti... inventei uma história troncha, e pronto! Só fiz porque valia nota, se não... Ah! E não foi só eu que menti, não. Todo mundo mentiu também, pode perguntar aí..."
>
> "Eu acho que não tem necessidade disso, não. Sinceramente, professora, me desculpe, mas eu acho que a gente não vai aprender nada com isso. Melhor que a senhora passe uma coisa que a gente não sabe ainda."

Sem que eles percebessem, com essa discussão, já havíamos começado a primeira abordagem sobre o tema. Em seguida, procuramos mobilizar os alunos para o estudo do tema e também apreender o conhecimento prévio deles sobre o mesmo. A palavra "memória" foi escrita no centro do quadro e os alunos foram convidados a dizer o que relacionavam com ela ou o que entendiam por memória (solicitamos que, nesse momento, os alunos não considerassem apenas os textos produzidos no ambiente escolar, mas que procurassem pensar em memória de modo geral).

Todos os comentários foram sistematizados no quadro: desabafo, lembranças e acontecimentos da vida, diário, redação, arquivamento de coisas boas (as ruins são esquecidas), de tudo o que se guarda na memória. A partir dessa atividade, foi possível observar que muitos alunos não distinguiam a memória enquanto gênero textual da memória enquanto processo mental superior. Sobre a prática de mobilização, Anastasiou e Pimenta (2005, pp. 214-215) dizem:

> Trata-se de possibilitar ao aluno um direcionamento para o processo pessoal de aprendizagem, o qual deve ser provocado, caso ainda não esteja presente nele. Caberá ao professor provocar, acordar e sensibilizar o aluno em relação ao objeto de conhecimento, de tal forma que permaneça "ligado" durante todo processo.

Para isso, é preciso articular a realidade e os alunos com "suas redes de relações, visão de mundo, percepções e linguagens, de modo que possa acontecer o diálogo entre o mundo dos alunos e o campo a ser conhecido" (ANASTASIOU; PIMENTA, 2005, p. 215).

A partir das colocações dos alunos, procuramos sistematizar o conhecimento, definindo memória como capacidade de reter fatos, acontecimentos, lugares e pessoas situados num antes. Sempre retomando as observações dos alunos e lançando para os mesmos novos questionamentos, estabelecemos algumas características da memória (processo mental superior). Um dos questionamentos lançados foi se a memória é apenas individual, pessoal. Todos os alunos responderam categoricamente que sim; foi feita, então, a seguinte pergunta: "Então, por que será que, quando chegam as eleições, nós sempre escutamos a frase 'o povo não tem memória'?". Os alunos começaram a dizer que isso acontecia porque o povo brasileiro nunca se lembra do que os políticos fazem e muitas vezes também não sabe nem para quem votou nas últimas eleições. A partir de tais estratégias, os alunos perceberam que a memória não é apenas individual, mas também coletiva, bem como seletiva e herdada, construída.

Dando prosseguimento às atividades, foram distribuídas cópias das crônicas "História estranha" e "Vivendo e...", de Luis Fernando Veríssimo. A primeira narra o encontro de um quarentão consigo mesmo aos sete anos de idade, e a segunda apresenta um narrador em primeira pessoa que relembra, nostalgicamente, vários truques e brincadeiras da infância.

Realizada a leitura de "História estranha", alguns questionamentos foram lançados ao grupo: "O que realmente acontece no texto de Veríssimo?", "Esse encontro de que o narrador está falando realmente aconteceu?". Uma das alunas colocou-se da seguinte forma: "Ele está falando de um homem que começa a lembrar de quando era criança. Mas esse encontro dele, professora, só acontece nas lembranças". A partir da colocação dessa aluna, pedimos que os demais procurassem perceber a importância da memória para o homem, visto que é só através dela que podemos retomar fatos, acontecimentos e atitudes passadas. Foram lançadas mais algumas perguntas como: "Qual a visão que o homem tem de si mesmo quando criança?" e "Qual a visão da criança com relação ao adulto?". A partir das discussões, chegou-se à conclusão de que, como o ser humano está sempre em constante transformação, a memória é de extrema importância para que o homem reflita sobre tais mudanças, sobre o seu antes e o seu depois.

Com a leitura da segunda crônica, reforçou-se com os alunos a ideia de que a memória funciona de forma seletiva e que nos recordamos mais facilmente de fatos, acontecimentos, pessoas e lugares que têm maior importância emocional ou que possuem grande relevância no presente. Foi também a partir desse texto que procuramos esclarecer para os alunos que são os processos de esquecimento que fazem com que o homem crie formas de registro. Questionados sobre quais são as formas de registro existentes, os alunos apontaram diários, jornais, revistas, livros de história, internet. Nenhum dos alunos apontou memórias (gênero textual). Lançamos, então, a seguinte pergunta: "E as memórias que vocês estão produzindo, elas também não são uma forma de registro, uma forma de retomar o passado?". Os alunos concordaram e aproveitamos para esclarecer que esse seria um dos gêneros textuais que iríamos estudar e produzir durante as aulas.

Vemos, assim como Fonseca e Geraldi (1997, p. 107), a leitura

> como um processo de interlocução entre leitor/texto/autor. O aluno-leitor não é passivo, mas o agente que busca significações. E, nesse processo de leitura, de interlocução do aluno-leitor com o texto/autor, a posição do professor não é a do mediador do processo que dá ao aluno sua leitura do texto. Tampouco, é a da testemunha que, alheia ao processo, apenas o vê realizar-se e dele pode dar testemunho. [...] Julgamos que o professor, no processo da leitura do aluno, deve ser um interlocutor presente, que responde-pergunta sobre questões levantadas pelo processo.

Conto: leitura, análise linguística e produção textual

O conto trabalhado nesta etapa do projeto didático foi "Meu avô, o censor", de Moacyr Scliar. Nesse conto, um narrador em primeira pessoa relembra sua infância e sua difícil relação com seu avô paterno, censor durante a época da ditadura militar no Brasil. A primeira atividade após a leitura do texto consistiu no levantamento do conhecimento prévio do grupo com relação ao período histórico abordado no texto. Questionamos, então, qual era a principal figura do conto, e os alunos responderam: "É o avô da pessoa que está contando a história". Ao serem indagados sobre qual era a profissão do avô, os alunos responderam facilmente que ele era censor, mas não souberam explicar em que consistia tal profissão. Recorremos, então, ao início do conto e perguntamos o que havia sido a ditadura militar. O único aluno que se arriscou a responder disse: "Foi uma época muito difícil, professora". Questionados sobre por que a ditadura havia sido uma época difícil, mais uma vez os alunos mantiveram-se em silêncio.

Nesse momento, foram distribuídas cópias da sessão "*Leitura e reflexão*", do livro didático *História e consciência do Brasil,* de Gilberto Cotrim, a partir da qual foram sendo retomados fatos e acontecimentos relacionados ao período, esclarecendo-se, pouco a pouco, aos alunos o que havia sido a ditadura militar no Brasil e qual era o papel dos censores nesse período.

Voltando ao texto de Scliar, perguntamos aos alunos como poderíamos caracterizar a figura do avô fazendo uma relação com o que eles haviam acabado de discutir e as informações contidas no texto. Um dos alunos fez o seguinte comentário: "Ele era um homem muito rígido, professora, mas também a época em que ele viveu ajudou muito". Os alunos prosseguiram descrevendo o avô como um homem sério, chato, autoritário e mandão. Pedimos, então, aos alunos que percebessem que, ao relembrar uma pessoa importante do seu passado, o narrador também retomava uma parte da história do país, o que deixa claro que a memória individual não está dissociada da memória coletiva.

Para dar prosseguimento ao estudo do texto, foram dirigidas outras questões aos alunos: "Por que, em determinado momento do texto, o narrador troca a palavra *prazer* por *deleite*?", "Qual a visão que o narrador tinha do avô?", "Por que, no final do texto, o narrador decide traçar um X sobre o necrológio dedicado ao avô?". A essa pergunta uma das alunas respondeu: "Porque tudo que eles escreveram era mentira, professora, falsidade". Outra aluna concordou: "É, professora, tudo que estava ali era mentira, era pouca vergonha".

Segundo Lajolo (apud GERALDI, 1997b, p. 91),

> Ler não é decifrar, como num jogo de adivinhações, o sentido de um texto. É a partir do texto ser capaz de atribuir-lhe significado, conseguir relacioná-lo a todos os outros textos significativos para cada um, reconhecer nele o tipo de leitura que seu autor pretendia e, dono da própria vontade, entregar-se a esta leitura, ou rebelar-se contra ela, propondo outra não prevista.

Na aula seguinte, utilizando ainda o texto de Scliar, realizamos o estudo das características do gênero textual conto. Demos início ao estudo dizendo que o conto é um texto geralmente curto e que se caracteriza por ser uma narrativa de ficção. Quando perguntamos aos alunos por que se diz que o conto é uma narrativa, eles responderam da seguinte forma: "É porque tem alguém contando uma história, professora", "É quando a gente conta uma história, alguma coisa que aconteceu". Concordamos com os alunos e passamos a questioná-los sobre o porquê do uso do termo *ficção* para definir o conto. Como muitos alunos desconheciam a palavra e seu significado, relemos o trecho do conto de Scliar em que o narrador-personagem diz que começou a inventar notícias para o avô: "Esse noticiário fictício era o que eu lia para meu avô". A partir daí esclareceu-se que um texto de ficção diz respeito à criação, invenção. Também salientamos que, mesmo sendo um ato de criação, a narrativa de ficção estabelece relações com a realidade, como o faz o texto do próprio Scliar ao retomar o período da ditadura militar.

Passamos a dirigir perguntas aos alunos para que identificassem os elementos da narrativa ficcional: personagens, ação, tempo, espaço. Após esclarecer que as personagens são seres que só existem e realizam ações dentro do texto, pedimos que os alunos apontassem quais eram as personagens presentes na obra de Scliar. Os alunos apenas apontaram o avô, o pai e a mãe. Perguntamos, então: "E a pessoa que está contando a história, ela também não é uma personagem?". Os alunos concordaram e, então, foi feita a diferenciação entre narrador-personagem e autor.

Durante o estudo da ação narrativa, o grupo apresentou muitas dificuldades, ao pedirmos que identificassem a estrutura do enredo. Quando questionados sobre o momento da complicação (os primeiros acontecimentos importantes da história), os alunos apontaram a morte do avô, e partiram diretamente para o final do texto. O mesmo aconteceu quando questionados sobre qual seria o clímax, o momento de maior tensão da história.

Após a leitura do texto de Scliar e do estudo das características do conto, chegou o momento de os alunos produzirem seus próprios textos. Solicitamos que produzissem um conto inspirado em algum acontecimento importante de suas vidas escolares. Muitos ficaram confusos, pois, como tinham estudado que o conto é uma narrativa de ficção, não compreenderam como seria possível fazer relação com fatos de suas próprias vidas. Relembramos, então, que a ficção também se relaciona com a realidade e que os contos deles seriam apenas inspirados em tais acontecimentos.

Nas aulas seguintes, o conto "Meu avô, o censor" também foi retomado para o estudo dos tempos verbais. Para tanto, relemos alguns trechos e, à medida que isso ia sendo feito, pedíamos para que os alunos identificassem os marcadores temporais e os relacionassem com as formas verbais que apareciam no texto. Entre os diversos marcadores e expressões temporais encontrados no texto, destacam-se: *durante a época da ditadura*; *havia um momento do dia*; *nessas ocasiões*; *depois do almoço*; *durante algum tempo*...

Para facilitar a análise, alguns trechos eram transcritos no quadro com as formas verbais destacadas, como nos seguintes exemplos:

"Meu pai enviuvara cedo; dizia-se que a mulher tinha morrido de desgosto, o que podia ser apenas uma história propagada por más línguas, mas refletia de qualquer modo aquilo que todo o mundo sabia: meu avô tratava a esposa muito mal. Dos quatro filhos, três não falavam com ele. O único que o acolhera na velhice foi o meu pai, médico e homem excepcionalmente bom."

"Conviver com meu avô não era exatamente um prazer. A idade não o tornara nem um pouco mais agradável, ao contrário, apenas acentuara os traços do seu caráter: estava mais mandão do que nunca, mais chato do que nunca."

"(...) meu avô teve um acidente vascular cerebral. Depois de uns dias de coma, morreu."

"O jornal dedicou-lhe um pequeno necrológio: 'Faleceu ontem o estimado morador desta cidade, o senhor Xisto de Pádua Almeida...'. Seguiam-se algumas frases convencionais, e amavelmente mentirosas."

As frases transcritas serviram para que os alunos se detivessem por mais tempo a refletir sobre a variação do uso dos pretéritos em uma mesma frase ou oração e sobre como o uso dos tempos verbais influencia a variação de sentido do texto. Os alunos tiveram mais problemas para entender o uso do mais-que-perfeito. Afirmamos que é importante lembrar que muitas vezes esse tempo verbal não é usado na fala, sendo comumente substituído pelo *pretérito perfeito*. Mas o uso do pretérito mais-que-perfeito dá clareza e precisão aos fatos. Outra lembrança importante é que muitos alunos acham que o pretérito mais-que-perfeito é aquele que indica algo que aconteceu há muito tempo. Mas não é necessariamente assim. Os alunos questionaram sobre o porquê da utilização do mais-que-perfeito simples e composto no mesmo texto, já que eles possuíam a mesma função. A pergunta voltou para eles e, com insistência, conseguiu-se que os alunos fizessem algumas suposições sobre a utilização: *foram usados para evitar a repetição do "tinha" que compõe as formas verbais compostas; tratava-se de um texto escrito, o que exige a substituição dos termos da oralidade por termos adequados à escrita.*

A fim de esclarecer melhor as circunstâncias de uso dos pretéritos no modo indicativo, foi sistematizado na lousa um esquema para melhor visualização desses tempos verbais, de acordo com as características apresentadas no texto:

Perfeito simples	Imperfeito	Mais-que-perfeito simples	Mais-que-perfeito composto
Ação terminada	Passado inacabado	Assinalar um fato passado em relação a outro também no passado. O emprego deste tempo está ligado a textos literários e circunstâncias formais de uso.	Assinalar um fato passado em relação a outro também no passado. O emprego deste tempo está ligado à fala coloquial, além de textos literários e outras circunstâncias formais de uso.
Perguntar e responder sobre aquilo que já foi feito	Processo anterior ao momento em que se fala, mas que se prolongou		
	Fato habitual		
	Um fato presente em relação a outro passado, indicando a simultaneidade de ambos os fatos		
	Um fato passado, mas de incerta localização no tempo		

Acreditamos que a análise linguística deve estar integrada às atividades de leitura e produção textual, possibilitando aos alunos uma reflexão sobre as estruturas e usos da língua, ao que se seguirá, não naturalmente, mas através da atuação do professor, a sistematização de tais conhecimentos. A análise linguística, como afirma Mendonça (2007, p. 101), deveria ser realizada, entre outras formas,

> a partir da leitura/escuta de textos, buscando-se refletir sobre como a escolha de certas palavras, expressões ou construções linguísticas contribui para a construção de sentidos de cada texto; seria avaliado o grau de elaboração dessa reflexão, ao longo dos anos escolares, de forma recorrente e numa dimensão processual.

Após o estudo dos tempos verbais, os textos produzidos pelos alunos também se transformaram em conteúdo das aulas de análise linguística, a partir da leitura dos mesmos e de uma atividade de reescritura coletiva. Acreditamos que, ao compartilharem seus textos com os colegas, os alunos puderam ampliar a cadeia de interlocução, abandonando o espaço de trânsito limitado dos textos escolares, o espaço professor-aluno. É preciso lembrar, como afirma Geraldi (1997b, p. 65), que "a produção de textos na escola foge totalmente ao sentido de uso da língua: os alunos escrevem para o professor (único leitor, quando lê os textos). A situação de emprego da língua é, pois, artificial".

Após cada leitura, o debate era aberto para que os alunos avaliassem se o texto do colega poderia ser realmente considerado um conto e se era possível identificar os elementos da narrativa em cada um deles. Em alguns casos, os alunos concordaram em que os textos estavam muito parecidos com relatos pessoais e que precisavam ser reescritos.

Feita a leitura de todos os textos, distribuímos cópias de uma das produções (ver anexo ao final) para todos os alunos. Essa produção já havia sido escolhida previamente para a prática de análise e reescrita no grande grupo. A cópia distribuída não possuía erros ortográficos ou de concordância, visto que não seriam aspectos abordados na análise.

Durante a análise em um grande círculo, os alunos haviam percebido que o texto escolhido para reestruturação não possuía uma apresentação muito detalhada das personagens e decidiram que esse seria um dos aspectos a serem melhorados. Cada aluno escreveu uma apresentação da personagem principal nos cadernos e algumas foram compartilhadas com o grupo.

Em seguida, pedimos que os alunos observassem quantos eram os parágrafos do texto. Apenas uma parte da sala respondeu: "Um". Quando questionados sobre quando é necessário iniciar um novo parágrafo, os alunos ficaram sem resposta. Explicamos, então, que os parágrafos funcionam como a subdivisão de um texto e que geralmente cada um traz uma ideia central. Assim, quando é inserida uma nova ideia ou um novo tópico no texto, é preciso iniciar um novo parágrafo. Salientamos, ainda, que em uma narrativa esse uso é muito importante, principalmente quando há uma mudança no rumo dos acontecimentos. Feitos tais esclarecimentos, realizamos mais uma leitura do texto e, no grande grupo, o mesmo foi sendo dividido em parágrafos.

Essa prática está apoiada na ideia de que a análise linguística é uma "forma de retomada do texto produzido pelo aluno, atuando sobre possíveis problemas de compreensão que tal texto, produzido em sua primeira versão, possa oferecer no processo de leitura" (FONSECA; GERALDI, 1997, p. 107).

O próximo aspecto abordado foi o uso dos sinais gráficos necessários para a introdução do discurso direto. Para tal, lemos o início do conto e perguntamos quem estava dizendo as seguintes frases: "Eu também quero ir, mamãe" e "Você é muito nova". Os alunos responderam que a primeira frase era da personagem *Elaine* e a segunda, da mãe dela. A partir disso, questionamos se não seria necessário colocar alguma marca ou sinal no texto que indicasse que as falas pertenciam às personagens e não ao narrador. Uma das alunas respondeu positivamente: "Tem que usar travessão, professora". O trecho foi reescrito no quadro, fazendo-se uso de dois pontos e travessão para introduzir as falas, e também foi demonstrada outra possibilidade aos alunos: o uso de aspas.

Dando continuidade à atividade de reestruturação, pedimos que os alunos observassem a presença da palavra *aperreando* no texto. Foi lançada a seguinte questão: "Vocês acreditam que, se uma pessoa do Rio Grande do Sul lesse o texto da nossa colega, a palavra *aperreando* seria facilmente entendida?". Prontamente os alunos responderam que não. Explicamos aos alunos que se tratava de uma palavra de uso marcadamente regional, o que poderia dificultar a compreensão de leitores de outras localidades. Perguntamos como se poderia substituir tal palavra, e uma das alunas sugeriu a forma "ficava pedindo a sua mãe". Questionamos, ainda, se havia mais alguma palavra no texto para ser substituída e os alunos apontaram *mangando*. Como alternativa para a mesma, foram sugeridas formas como *rindo* e *zombando*.

É de extrema importância, para uma prática pedagógica que se quer democrática, o reconhecimento e o respeito aos saberes do educando, contudo, é também função dessa mesma prática fazer com que o educando supere, sem abandonar, o saber de senso comum. Dentro da prática de ensino de português, uma das maneiras de cumprir tal função é tentar trazer o texto produzido pelo aluno, se for o caso, para a variedade padrão.

O último aspecto abordado foi o uso do MAS ou MAIS. Nesse momento, transcrevemos no quadro uma frase em que estava sendo utilizada a palavra MAIS e perguntamos aos alunos se tal uso estava adequado. Apenas um aluno balançou a cabeça negativamente, enquanto todos os outros responderam que sim. Convidado a explicar por que o uso do MAIS estava incorreto na frase, o aluno respondeu que o MAIS tem ideia de soma. A partir da observação do aluno, esclareceu-se que o MAS traz na maioria das vezes uma ideia adversa, contrária, enquanto que MAIS é geralmente utilizado para expressar intensidade.

Memória: leitura, análise linguística e produção textual

Antes de iniciarmos a leitura do texto "Verão", retirado do livro *Infância*, de Graciliano Ramos, procuramos discutir com a turma os objetivos que permeiam a escritura de memórias e lançamos a seguinte pergunta aos alunos: "Será que escrevemos memórias apenas para registrar fatos?". Uma das alunas respondeu que escrever memórias também era uma forma de deixar uma mensagem, outra disse que era uma forma de lembrar as coisas que fizemos. Um dos alunos declarou: "Eu, sinceramente, acho que isso é coisa de mulher, professora". Procuramos esclarecer que, ao escrevermos sobre nós mesmos, temos condições de nos conhecermos melhor e que, além de possibilitar o resgate de coisas passadas, a memória também permite a reflexão sobre as histórias de vida e condutas presentes.

Apontar formas diferentes de enxergar a realidade é certamente um dos maiores desafios de trabalhar com uma turma composta por jovens e adultos, pois "a visão que eles têm de mundo é muito particular: trazem uma série de preconceitos, ideias quase cristalizadas sobre ensino, sociedade, trabalho, desemprego, justiça e injustiça, comportamento, violência..." (*Revista Nova Escola*, 1994, p. 15).

Durante a leitura do capítulo, foram sendo retomadas características da memória enquanto capacidade de reter informações e, paralelamente, eram apontadas as características específicas do gênero textual memória. Uma das questões dirigidas aos alunos foi: "Por que o narrador diz que seu verão é incompleto?". Muitos responderam que isso se devia ao fato de que era impossível lembrar tudo o que havia acontecido. Concordamos com os alunos e apontamos esse como um dos fatores que influenciam a produção de memórias, pois faz com que existam várias lacunas a serem preenchidas. Lembramos também, retomando Graciliano, que muitas dessas lacunas são preenchidas pelo imaginário e pela associação de ideias e imagens.

Prosseguindo com a leitura e a compreensão textual, dirigimos mais perguntas aos alunos: "Como podemos descrever a figura do pai?", "Qual a visão que o narrador tinha do pai?", "Quais foram as mudanças importantes que aconteceram durante o verão narrado?", "Existe uma história, um conflito sendo narrado?". Finalizada a leitura de "Verão", foi feita no quadro uma sistematização das características do gênero textual memória.

Na aula seguinte, foi realizado um estudo dirigido sobre outro capítulo de *Infância*: "Um cinturão". Após a discussão nos pequenos grupos, foi formado um grande círculo para que os grupos pudessem compartilhar suas observações. A partir da terceira e da quarta questão, os alunos passaram a traçar relações entre o texto e fatos recentes. Um dos alunos lembrou o caso de um pai que havia sido preso por esfaquear uma criança de oito meses de vida. Outra aluna trouxe um fato ainda mais próximo: no bairro vizinho, no dia anterior à aula, uma mãe havia sido presa por espancar violentamente uma criança. Essa mesma aluna disse: "É, professora. Esse texto que a senhora trouxe não é tão antigo assim, ele fala de muitas coisas que estão acontecendo agora, na nossa época". Nesse momento da discussão, todos os alunos quiseram expressar suas opiniões. Uma das alunas afirmou: "Só sendo uma pessoa muito bruta, como o pai desse escritor, ou muito má para bater numa criança desse jeito". Essas colocações fazem com que não esqueçamos que "os textos falam da realidade, e a realidade próxima de cada um dos alunos pede o debate, pede a participação. E isto é, sim, uma aula de Português" (*Revista Nova Escola*, 1994, p. 17).

Com o objetivo de sistematizar os conhecimentos dos alunos com relação aos gêneros estudados até então, propusemos a elaboração de um quadro comparativo em que a turma apontaria as diferenças e semelhanças do conto e da memória.

Retomando o conto de Moacyr Scliar e os capítulos de *Infância*, solicitamos que os alunos produzissem os quadros em grupos. Em seguida, pedimos que eles apresentassem seus quadros ao grande grupo e compartilhassem suas observações do aprendizado. Nesse momento, pudemos observar a capacidade dos alunos de estabelecer relações e comparações entre diferentes gêneros textuais, a clareza das ideias apresentadas, através das expressões oral e escrita, e a participação de todos no trabalho com seus grupos. A partir dessas observações, fizemos uma explanação sobre a vivência e o conteúdo da atividade e, junto aos alunos, reunimos num só quadro comparativo as características apontadas durante a atividade, quadro esse que reproduzimos abaixo.

Conto	Memória
Narração de uma história/historieta imaginada/narrativa de ficção	Relato pessoal em que são retomados fatos reais
Promove o sequestro do leitor, prendendo-o	Não tem por objetivo prender o leitor à história
Há sempre uma trama, um conflito sendo narrado	Nem sempre há uma trama, um conflito sendo narrado
Os acontecimentos podem seguir uma ordem cronológica ou psicológica	Na maioria das vezes não há uma ordem cronológica, e sim psicológica
A atitude do narrador pode ser pessoal ou impessoal	A atitude do narrador é sempre pessoal
O texto pode ser narrado na primeira pessoa (nesse caso temos um narrador-personagem) ou na terceira pessoa (nesse caso, geralmente o narrador não participa da história, é o narrador-observador)	O texto é quase sempre narrado em primeira pessoa

Todas as atividades de análise linguística estiveram associadas ao seguinte pensamento de Geraldi (*Revista Nova Escola*, 1994, p. 20): "Não é a metalinguagem que te faz compreender a linguagem, mas a compreensão da linguagem é que te exige uma metalinguagem".

Após a produção do quadro comparativo, reunimos os alunos em círculo e pedimos a eles que compartilhassem um pouco da sua história de vida com a turma. Inicialmente constrangidos, os alunos foram pouco a pouco retomando fatos do passado; explicamos, então, que aquele seria o momento de produção das memórias e que os alunos deveriam, além de relatar fatos passados, procurar refletir sobre as situações vividas e sobre suas consequências para o presente. Propusemos que escrevessem uma memória que retomasse o fato ou a circunstância que os levou a interromper o ciclo escolar.

A análise e a reescritura coletiva das memórias foi uma etapa muito delicada do projeto, pois, como esse gênero é, antes de tudo, um relato pessoal, torna-se bastante difícil a sua análise e reescritura no grande grupo. Para dar início à atividade, dispusemos no quadro cartolinas com dois textos selecionados previamente (ver anexos). Terminada a leitura, a seguinte questão foi lançada ao grupo: "Vocês acham que os textos que acabamos de ler são realmente memórias?". Algumas das respostas foram: "Eu acho que sim, professora", "Eu também acho, professora. Mas esse primeiro parece ser mais memória do que o segundo". Perguntamos, então, por que o primeiro texto parecia-se mais com uma memória. Um aluno respondeu: "É porque ele fala mais coisas, professora, esse segundo não diz quase nada da vida da pessoa". A partir de tal observação, foi retomado o conceito de memória como relato pessoal em que são retomados fatos, acontecimentos, pessoas e lugares importantes do passado.

Com o objetivo de que os alunos traçassem uma relação entre o tema proposto para a atividade e os textos em questão, lançamos mão da seguinte pergunta: "No primeiro texto, qual foi o motivo que fez com que o autor parasse de estudar?". Foram dadas as seguintes respostas: "Ele precisava ajudar a família, professora", "Depois ele se casou e tinha que sustentar a casa". O próprio autor do texto disse que algumas vezes, quando era criança, não havia o que comer em casa, o que fez com que ele tivesse que trabalhar muito cedo. A mesma pergunta também foi feita com relação ao segundo texto, e os alunos tiveram muita dificuldade de responder. Uma das alunas arriscou: "Foi uma coisa que ela fez sem pensar, professora". Questionamos se isso realmente esclarecia o porquê de a autora do texto ter passado sete anos sem estudar. Todos os alunos disseram que não, e a própria autora reconheceu que havia deixado uma lacuna muito grande no texto.

Segundo Bosi (apud NÉBIAS, 2005, p. 80):

> Na maior parte das vezes lembrar não é reviver, mas refazer, reconstruir, repensar, com imagens de hoje, as experiências do passado (...). A lembrança é uma imagem construída pelos materiais que estão agora à nossa disposição no conjunto das representações que povoam nossa consciência atual.

Destacamos para o grupo que, apesar das muitas lacunas que podem existir no processo de retomada do passado, escrever uma memória é justamente buscar uma reconstrução deste. Também recorremos ao trecho de *Infância* para deixar tal ideia mais clara para os alunos: "certas coisas existem por derivação e associação".

A última etapa do projeto didático consistiu no estudo dos adjetivos e dos advérbios. Para tanto, retomamos mais uma vez os capítulos do livro *Infância*, para que os alunos pudessem perceber a importância do uso de tais elementos na construção do sentido dos textos.

Localizado o trecho que iria ser analisado, foi feita, inicialmente, uma primeira leitura deste para que os alunos prestassem atenção nos termos que apareciam para modificar a mensagem. Explicou-se que dentro do texto havia uma mensagem principal enriquecida por emoção, detalhamento, circunstâncias e características particulares que são as percepções do narrador em relação ao fato, modo de ser, evento do texto etc. Essas palavras, que são agregadas à informação base do texto, servem para que o leitor se aproxime ao máximo da compreensão desejada pelo escritor/narrador. Os alunos tiveram que apontar que palavras eram essas e, para isso, pediu-se que destacassem palavras-chave (ou seja, aquelas que carregam a informação-base da mensagem) no trecho abaixo:

> "O meu verão é incompleto. O que me deixou foi a lembrança de importantes modificações nas pessoas. De ordinário pachorrentas, azucrinaram-se como tanajuras, zonzas. Findaram as longas conversas no alpendre, as visitas, os risos sonoros, os negócios lentos; surgiram rostos sombrios e rumores abafados."

Os alunos analisaram frase por frase em busca das informações solicitadas e depois reescreveram o texto apenas com as palavras destacadas. Segue, abaixo, a melhor das reescrituras, que foi transcrita no quadro para análise do grande grupo:

> "No meu verão o que ficou foi a lembrança das modificações nas pessoas. Eram azucrinadas. Findaram as conversas, as visitas, os risos, os negócios e surgiram rostos e rumores."

Pedimos que os alunos lessem e comparassem os dois trechos. Eles conseguiram perceber que o narrador utilizou diversos termos para que o leitor conseguisse imaginar como era o verão no Nordeste, o que ele via e sentia durante aquele período. Perceberam, também, que, se retirássemos aquelas informações, o leitor não conseguiria imaginar quais foram as modificações que ocorreram no verão do narrador. Assim, pediu-se que os alunos listassem as palavras-chave e seus respectivos modalizadores. Então se fez assim: modificações = importantes; pessoas = azucrinadas, zonzas; conversas = longas; risos = sonoros etc.

Saber uma língua não significa saber a gramática. Saber uma gramática não significa saber de cor algumas regras que se aprendem na escola, ou saber fazer algumas análises morfológicas e sintáticas. Mais profundo do que esse conhecimento é o conhecimento (intuitivo ou inconsciente) necessário para falar efetivamente a língua. (POSSENTI, 1996, p. 30)

Explanamos que essas palavras que modificaram os substantivos eram chamadas de adjetivos, e enumeramos na lousa algumas das reflexões feitas junto ao grupo-classe sobre a função semântica dessa classe de palavras. Foram propostos outros trechos para que os alunos novamente fizessem uma análise.

> "Espanto, e enorme, senti ao enxergar meu pai abatido na sala, o gesto lento. Habituara-me a vê-lo grave, silencioso, acumulando energia para gritos medonhos."
>
> "Meu pai era terrivelmente poderoso e essencialmente poderoso."
>
> "Sozinho, vi-o de novo cruel e forte, soprando, espumando. E ali permaneci, miúdo, insignificante, tão insignificante e miúdo como as aranhas que trabalhavam na telha negra."

Nesse momento, demonstramos que, além dos adjetivos, outra categoria gramatical também exerce a função modalizadora: os advérbios. Sistematizou-se no quadro essa categoria, destacando-se que a mesma se refere a verbos, adjetivos ou a outro advérbio.

Conclusões

A experiência descrita neste artigo contribuiu significativamente para o desenvolvimento da consciência de que o ensino de Língua Portuguesa não pode acontecer fora de uma articulação entre leitura, produção de texto e análise linguística, visto que, trabalhando de forma a alternar essas práticas, minimizamos a artificialidade que há muito permeia as práticas de leitura e escrita na escola.

Ao ler um texto em sala de aula, o professor não deve impor a sua interpretação como única possível e aceitável. Abrir espaço para as palavras dos educandos faz parte do caminho que leva à constituição dos mesmos como leitores autônomos, além de permitir o desenvolvimento de uma prática pedagógica pautada na dialogicidade de que nos fala Paulo Freire. Em uma turma composta por jovens e adultos, a observância desse aspecto permite que os alunos ressignifiquem a si mesmos como sujeitos de linguagem. A partir disso, o professor atuará como um mediador que, apontando relações com outros textos, com outras produções culturais e com o contexto sócio-histórico a que a obra remete, amplia e aprofunda a visão inicial dos estudantes.

A produção textual deve integrar-se aos temas e aos gêneros estudados em sala de aula. O texto, como produto de uma interação, deve decorrer de uma necessidade comunicativa; tendo o que dizer, para quem dizer e motivos para dizer, o aluno busca, juntamente com o professor, formas de dizer (GERALDI, 1993). Nesse percurso, ele tomará para si a posição de sujeito desse dizer, que articula sua visão de mundo, tornando-a pública para outros sujeitos. No que diz respeito à avaliação das produções, a correção ortográfica e gramatical não pode ser o único critério, e a competência em escrita não deve ser confundida com "rendimento ortográfico", pois, como observa Morais (2003, p. 18), "deixando-se impressionar pelos erros que o aprendiz comete, muitos professores ignoram os avanços que ele apresenta em sua capacidade de compor textos".

Já a análise linguística, associada tanto aos textos lidos em sala de aula (quando proporciona o contato com uma diversidade de formas de uso da língua) quanto aos textos produzidos pelos alunos (quando viabiliza a autorreflexão e a autocorreção), deve ser realizada com o intuito de levar o educando a construir e ampliar formas de dizer sua própria palavra. Nesse sentido, os textos dos alunos também devem ser objeto das análises efetuadas em sala de aula, e não apenas os já legitimados como modelos a serem seguidos. A capacidade reflexiva advinda de tais práticas contribuirá para a constituição de um sujeito linguisticamente autônomo.

Para ler e escrever bem, é preciso, primeiramente, que o aluno perceba e assuma o seu lugar de sujeito da linguagem, de produtor de discursos. É imprescindível que nós, docentes, busquemos uma prática cada vez mais significativa e articulada, que tenha como principal objetivo a ampliação da capacidade interlocutiva dos nossos alunos, pois só assim colaboraremos para a formação de sujeitos críticos e atuantes.

Anexos

"A conquista de Elaine" (conto escolhido para reescritura coletiva).

Língua portuguesa e Literatura brasileira

> Quando Elaine via suas irmãs indo para a escola, ficava aperreando sua mãe: eu também quero ir mamãe, mais sua mãe sempre falava você é muito nova. Quando ela fez 8 anos, sua mã, matriculou ela numa escola pública, ela ficou muito feliz. Só que a professora falou para sua mãe que ela já tinha passado da idade de fazer 1ª séria. Então, a professora fez um teste com ela, mandou ler algumas palavras e ela leu. E Elaine foi direto para a 2ª série. Ela ficou muito feliz. No outro dia quando ela chegou à escola, logo percebeu que suas colegas estavam adiantadas, e quando viam que Elaine não sabia fazer as tarefas, ficavam mangando e rindo, isso deixava Elaine muito triste, então, ela falou com sua professora que tivesse paciência porque ela tinha passado muito tempo sem estudar. E começou a estudar tudo o que a professora passava. Chegou o dia da prova, fez com muita confiança e tirou boa nota sua professora fez questão de elogiar. Elaine ficou muito feliz.

"Meu retorno à sala de aula" (memória escolhida para reescritura coletiva).

> Tive que parar os meus estudos logo cedo. Para mim foi muito difícil ter que optar pelo trabalho, mas as necessidades eram muitas.
>
> Meu pai não tinha condições de me dar tudo o que eu precisava, até alimentação era pouca. Quando arrumei uma família foi bronca, tinha que trabalhar dobrado, pois sabia que os meus filhos esperavam por mim. Aí vinha toda a responsabilidade de dar a eles o que eu não tive.
>
> O tempo foi passando, passando e eu deixando para segundo plano o meu estudo.

> Porém, neste ano de 2007, eu tive que me dar isso. Observando na calçada que o tempo passava e que as conbranças referentes à qualificação iam aumentando, veio um desejo de voltar para a escola.
>
> E aqui estou eu, com muitas dificuldades, com uma fome de aprendizado, querendo ver se resgato o tempo perdido. Mas tem uma coisa boa, é que minha família está me ajudando.

Sem título (memória escolhida para reescritura coletiva).

> Eu mesma passei 7 anos sem estudar, porque foi uma coisa sem pensar. Não pensava que depois eu iria ver as consequências qua ia ter, depois, com o passar do tempo.
>
> Me arrependi muito, por isso estou aqui novamente e com certeza desta vez vou terminar os meus estudos. E irei ultrapassar todos os meus obstáculos. Enfim, essa é a minha história.

Referências bibliográficas

ANASTASIOU, L. das G. C.; PIMENTA, S. G. *Docência no ensino superior*. 2. ed. São Paulo: Cortez, 2005.

FONSECA, M. N. G. da; GERALDI, J. W. O circuito do livro na escola. In: GERALDI, J. W. (org.). *O texto na sala de aula*. São Paulo: Editora Ática, 1997, pp. 104-114.

FREIRE, P. *Pedagogia da autonomia*: saberes necessários à prática educativa. 34. ed. São Paulo: Paz e Terra, 1996.

GERALDI, J. W. Prática de leitura na escola. In: GERALDI, J. W. (org.). *O texto na sala de aula*. São Paulo: Editora Ática, 1997a, pp. 88-103.

_____. Unidades básicas de ensino de português. In: GERALDI, J. W. (org.). *O texto na sala de aula*. São Paulo: Editora Ática, 1997b, pp. 59-79.

_____. Portos de passagem. São Paulo: Martins Fontes, 1993.

MARCUSCHI, L. A. Gêneros textuais: definição e funcionalidade. In: DIONÍSIO, Â. P., MACHADO; A. R., BEZERRA, M. A. *Gêneros textuais e ensino*. Rio de Janeiro: Lucerna, 2002, pp. 19-36.

MARINHO, J. H. C. A produção de textos escritos. In: DELL'ISOLA, R.; MENDES, E. (org.). *Reflexões sobre a língua portuguesa*: ensino e pesquisa. Campinas: Pontes, 1997.

MENDONÇA, M. R. de S. Análise linguística: por que e como avaliar. In: MARCUSCHI, B., SUASSUNA, L. (org.). *Avaliação em língua portuguesa*: contribuições para a prática pedagógica. Belo Horizonte: Autêntica, 2007.

MORAIS, A. G. de. *Ortografia*: ensinar e aprender. São Paulo: Ática, 2003.

POSSENTI, S. *Por que (não) ensinar gramática na escola*. Campinas: Mercado de Letras/Associação de Leitura do Brasil, 1996.

RAMOS, G. *Infância*. Rio de Janeiro, São Paulo: Record, 2002.

REVISTA NOVA ESCOLA. O aprendizado que vem da vida do próprio aluno. São Paulo, Ano IX, pp. 10-20, set./94. (Reportagem de Carlos Mendes Rosa.)

RÖSING, T. M. K.; ZILBERMAN, R. Apresentação: Leitura na escola: Parte II: a missão. In: RÖSING, T. M. K.; ZILBERMAN, R. (org.). *Escola e leitura*: velha crise, novas alternativas. São Paulo: Global, 2009, pp. 9-15.

SCLIAR, Moacyr. Meu avô, o censor. *Continente documento. Todos os contos*, Ano IV, n. 38/2005, pp. 8-9.

SUASSUNA, L. Ensino de Língua Portuguesa: problemas e perspectivas metodológicas. In: SUASSUNA, L. *Ensaios de pedagogia da língua portuguesa*. Recife: Ed. Universitária da UFPE, 2006.

VERISSIMO, L. F. *Comédias para se ler na escola*. Rio de Janeiro: Objetiva, 2001.

Capítulo 4

Relação oral-escrita e o contexto linguístico e visual nas histórias em quadrinhos

ALLYSON EWERTON VILA NOVA SILVA[1]
WAGNER TEOBALDO LOPES DE ANDRADE[2]
FRANCISCO MADEIRO B. JUNIOR[3]
MARÍGIA ANA DE MOURA AGUIAR[4]

Seja de forma verbal ou não (ou, ainda, na combinação entre ambas), contar histórias implica organização de elementos narrativos em uma tessitura coesa, contendo início, meio e fim (EISNER, 2001). Nos quadrinhos, o princípio é o mesmo, porém, com certas singularidades, moldando um

---

[1] Mestre em Ciências da Linguagem pela Universidade Católica de Pernambuco (UNICAP). Produz desenhos artísticos e educativos, além de criar projetos gráficos mais conceituais.

[2] Doutor em Linguística pela Universidade Federal da Paraíba, professor assistente II do Departamento de Fonoaudiologia da Universidade Federal da Paraíba e fonoaudiólogo.

[3] Professor adjunto da Universidade de Pernambuco (UPE), professor da Universidade Católica de Pernambuco (UNICAP). Membro da Associação Brasileira de Linguística (ABRALIM).

[4] Doutora em Psicolinguística pela Universidade de Reading (Inglaterra) e pós-doutora pela Universidade de Birmingham (Inglaterra). É professora adjunta da Universidade Católica de Pernambuco (UNICAP). Pesquisadora do CNPq e bolsista de Produtividade em Pesquisa.

texto que desperta admiração ou que, de outro lado, pode servir como um poderoso auxiliar instrucional (LUYTEN, 1985), fazendo valer a afirmação de Maingueneau (apud SILVA, 2002, p. 48) de que "todo discurso constitui-se em signo de alguma coisa para alguém, em um contexto de signos e experiências".

De acordo com Barbiere (apud RAMOS, 2009) e Silva (2010), os quadrinhos consolidaram-se com uma linguagem autônoma por meio de influências de outras formas de arte, como ilustração, fotografia, literatura e cinema. Nas histórias em quadrinhos (HQs), as ilustrações ganham sentido ao serem colocadas em sequência lógica, com o objetivo de narrar graficamente uma ação. Para tal, cada quadro corresponde ao registro de um momento exato desse acontecimento, assimilando-se às fotografias, que remetem a ocasiões adicionais resumidas em uma única imagem, ou seja, considera-se uma série de relações entre o registrado e o vivido realmente (RAMOS, 2009). Com a literatura, os quadrinhos guardam uma proximidade no tocante ao uso de legendas e diálogos escritos ao longo das cenas.

Há uma analogia entre a representação gráfica de uma HQ e alguns conceitos sobre contexto linguístico, partindo de suportes teóricos relacionados ao tema, como os trabalhos de Dascal e Weizman (1987), Machado (2000), Koch (2006), Raso (2007) e Marcuschi (2008).

Assim, a partir deste momento, inicia-se uma análise da qual fazem parte as situações de produção artística – textual e pictórica – e os impactos causados pelo discurso do locutor (autor) no interlocutor (leitor), havendo, então, uma socialização de sentidos como a referida por Bordenave (2005), em que ambos os lados, o emissor e o receptor, transferem, aos seus respectivos modelos mentais, valores sociais atrelados aos linguísticos (KOCH, 2006).

Desde a década de 1970, a linguística textual se preocupa com o caráter macroestrutural da língua dentro de um ambiente sociointeracional, investigando, primordialmente, as produções textuais e levando em conta o contexto de produção e recepção dos enunciados escritos ou orais, considerando, portanto, a sua semântica nas interações sociais enquanto gêneros e tipos textuais (KOCH, 2006). Estabelece-se, dessa forma, o caráter pragmático (funcional) do discurso como modelador do sintático (estrutural) e do semântico (significação) (MARCUSCHI, 2008).

Para atingir o seu objetivo, a linguística textual opera com sete recursos básicos relacionados à construção de sentidos em um texto. Os dois primeiros são a *coesão*, relativa à tessitura textual sintática, e a *coerência*, referente ao modo como os elementos superficiais do texto formam sentido na mente dos leitores. Esses dois recursos estão centrados no texto (BENTES, 2004). Os outros cinco fatores estão focados no usuário do discurso e são conhecidos como *situacionalidade, informatividade, intencionalidade, aceitabilidade e intertextualidade* (KOCH, 2006).

Segundo Beaugrande e Dressler (apud KOCH, 2006), a *situacionalidade* se refere ao contexto no qual a mensagem é produzida/recebida e acontece nos dois sentidos: da situação ao texto, pela adequação de variedades e afins, e do texto à situação, interagindo com os pensamentos do interlocutor. A *informatividade* condiz com o grau de informação inédita contida em um texto. Em outras palavras, quanto mais redundante, mais inócuo será o texto; quanto mais inovador, tanto na exposição das ideias quanto no conteúdo, mais informativo este será. Já a *intencionalidade* diz respeito às intenções do autor em construir um discurso com determinada coesão e coerência. A *aceitabilidade* está mais ligada à conformidade do discurso com o entendimento dos usuários, cenário onde o emissor e o receptor de uma mensagem entram em interação, tentando fazer-se entender, cada um a seu modo, porém ambos buscando um bom entendimento. Finalmente, tem-se a *intertextualidade*, correspondente ao uso de outros textos na composição de novos discursos, em que se faz necessário o conhecimento prévio desses outros textos para se chegar a uma compreensão textual total admissível.

Existem, ainda, outros critérios responsáveis por reforçarem as abordagens sobre tal construção de sentidos. São eles: a *contextualidade* (MARCUSCHI, 1983), relativa a data, hora, assinatura, autor, timbre, elementos gráficos utilizados e organização estrutural de um texto (diagramação/*layout*), que criam expectativas no interlocutor sobre o material escrito; a *consistência* e a *relevância* (GIORA, 1985), que ressaltam questões referentes à veracidade e à importância de um texto; a *focalização*, ou seja, o aprofundamento do autor em um assunto específico (KOCH; TRAVAGLIA, 1989), e os *conhecimentos compartilhados*, essenciais para saber quais informações devem ser ressaltadas e quais devem ser omitidas em uma produção textual, de acordo com os atores envolvidos (KOCH, 2006).

Como afirma Machado (2000), a utilização das formas comunicativas baseia-se em uma lógica entre as representações do agente produtor sobre sua situação de ação e seus conhecimentos sobre os gêneros textuais e a língua de um grupo. O texto, definido pela autora como uma unidade comunicativa, apresenta tanto características comuns ao gênero ao qual se filia quanto peculiaridades, traços das decisões tomadas pelo falante/escritor em função de suas representações sobre o contexto no qual se encontra. Construir textos é, então, uma atividade hierarquizada, prevendo operações sucessivas destinadas a compor um produto comunicacional a partir da individualização reflexiva sobre as estratégias apropriadas para alcançá-lo, recolhendo e ordenando as ideias necessárias para, somente depois, formulá-las linguisticamente (RASO, 2007).

De acordo com Bronckart (1999) e Macedo (2010), quando o assunto é formular análises textuais, leva-se em conta o local e o momento da produção, o emissor e o receptor enquanto atores no processo, o meio onde se dá a interação, os papéis sociais representados pelos indivíduos e os objetivos que motivaram o produtor a atingir aquela linguagem. Tal assertiva é comungada com Bentes (2004), que afirma que o real sentido textual não está apenas no texto em si, mas também em fatores cognitivos, socioculturais e interacionais.

Nas interações discursivas configuradas nos mais variados contextos, cada pessoa é uma identidade, um mundo, e se expressa conforme seus modelos mentais, transformando os modelos dos seus pares ao expor o seu repertório individual dentro de um conjunto formado por outros repertórios. Isto é, os falantes/escritores são capazes de parafrasear, resumir ou perceber se um texto está completo ou incompleto, de atribuir-lhe um título ou mesmo produzir um novo texto a partir de um título dado, de forma individual e diversa (KOCH, 2006; ALMEIDA, 2008). Ao relatarem um fato qualquer, por exemplo, as pessoas apresentam variações nas suas respectivas narrativas. Um locutor pode dar importância a acontecimentos em sua história que podem assumir pouca relevância na descrição de outro falante, mesmo este abordando um mesmo assunto (PATO, 2007).

Hanks (2008) expõe que as diferentes correntes linguísticas determinam o *contexto* de acordo com seus padrões específicos de pesquisa. Os conceitos variam entre uma abordagem mais individualista, analisando o sujeito em situações momentâneas de enunciação, e estudos com caráter coletivo, enxergando a língua como originária de um grupo humano em um ambiente influenciado por fatores sociais e históricos mais amplos.

Mas, independente dessas definições, o contexto é sempre baseado em relações ("contexto para"/"contexto de"), unindo as análises individuais às coletivas e desconsiderando qualquer padrão de exame contextual na produção e na recepção textual. Destarte, são estabelecidas condições de *emergência*, enumerando aspectos discursivos atrelados à confecção e interpretação/reação ao texto em suas respectivas particularidades contextuais, e *incorporação*, relacionada à posição desse mesmo discurso a uma teoria pertinente (HANKS, 2008).

Marcuschi (2008, p. 87) incrementa tais afirmações referindo-se às relações contextuais entre o texto e sua *situacionalidade* ou inserção cultural, social, histórica e cognitiva, ou seja, envolvendo conhecimentos tanto individuais quanto coletivos do sujeito:

> quando se fala em *contexto situacional*, não se deve com isso entender a situação física ou o entorno físico, empírico e imediato, mas a contextualização em sentido amplo, envolvendo desde as condições imediatas até a contextualização cognitiva, os enquadres sociais, culturais, históricos e todos os demais que porventura possam entrar em questão num dado momento do processo discursivo.

Enfim, o que define um texto, de fato, é a sua capacidade comunicacional, ou seja, falar alguma coisa para alguém e afetar socialmente esse interlocutor. Se um enunciado, por estar em idioma desconhecido ou moldado a uma estrutura composicional pouco familiar, não é compreendido por um determinado público – em outras palavras, não *compartilha um conhecimento de mundo* com determinado público –, isto pode não tirar sua propriedade textual visual/gráfica ou sonora/audível, mas este não funcionará como tal diante destes interlocutores, pois não causará efeito de *interpretabilidade*, ou seja, não haverá *aceitabilidade* por parte de quem o lê ou o ouve (MARCUSCHI, 2008; BENTES, 2004).

Bronckart (1999) extrai do contexto três parâmetros responsáveis por exercer influência direta sobre os textos: a *interação*, englobando o lugar social do agente, a finalidade da atividade discursiva e a relação entre os parceiros na comunicação; o *ato material de enunciação*, relacionando-se ao locutor e aos interlocutores em determinado momento; e, por último, o *referencial*, compondo as macroestruturas semânticas (temáticas) acionadas no espectador, fazendo-o alcançar significados nas palavras lidas/ouvidas.

Como se pode ver, o contexto mostra-se fundamental na confecção e interpretação dos textos, sejam eles escritos, orais (DASCAL; WEIZMAN, 1987), ou mesclando-se as duas possibilidades, como acontece nos quadrinhos.

Mas, para atingir uma comunicação bem-sucedida em tal mídia, escritores, desenhistas e leitores precisam ter a consciência da variação entre as estratégias não verbais, concernentes às ilustrações, e verbais, da fala e da escrita, além de serem hábeis ao manipular essas linguagens e, dentro delas, tirar proveito para fins comunicacionais, tendo a consciência dos traços que caracterizam o gênero textual em prática, adquirindo a capacidade de arquitetá-los em diferentes reformulações (RASO, 2007; CARUSO; SILVEIRA, 2009).

Nas HQs, toda uma atmosfera é montada em torno desses julgamentos contextuais, situacionais e sobre conhecimentos de mundo e aceitabilidade, adquirindo uma configuração puramente gráfica na qual se utilizam textos escritos para representação da oralidade dentro dos balões de fala. Tal aparato textual é normalmente disposto em harmonia com as imagens ilustradas; estas, por sua vez, detalhando características físicas dos cenários e demais figuras. Em outras palavras, há tanto elementos linguísticos como pictóricos orquestrados com o objetivo de proporcionar narração clara. Obviamente, uma HQ não dispõe da naturalidade decorrente das conversações reais, mas cogita um conhecimento prévio dessas situações – por parte dos roteiristas e desenhistas –, o que possibilita a confecção de histórias facilmente compreendidas por um público-leitor.

Os estudos de cognição procuram analisar como os participantes do processo comunicativo moldam seus pensamentos de acordo com o ambiente em que vivem. Tal formatação ocorre em direção a uma cultura e sociedade já estabelecida, onde será firmada uma determinada linguagem adequada àquela realidade (KOCH, 2006). Consequentemente, aprender a escrever um texto é aprender a desenvolver uma prática social correspondente (CASSANY, 2008), ou seja, torna-se necessário conhecer um determinado público consumidor para depois apresentar a este HQs com linguagem compatível a seu meio, linguagem esta que é ativa e está sempre em mudança, precisando ser continuamente revista e reestudada (BAGNO, 2009).

Heinemann e Viehweger (1991 apud KOCH, 2006) afirmam que, para o processamento textual (escolha ideal de textos adequados a situações) entrar em ação, são levados em consideração quatro conhecimentos: o *linguístico*, referente aos léxicos e domínios gramaticais empregados na estrutura de superfície; o *enciclopédico*, resultante dos conhecimentos prévios de mundo do locutor; o *sociointeracional*, relativo a como se expressar/comportar linguisticamente de acordo com as situações vividas e, por fim, os de *referência* a textos globais, relacionados a experiências cotidianas dos sujeitos.

De forma semelhante, Dascal e Weizman (1987) postulam certas fontes de pistas contextuais usadas como índices de compreensão por parte dos destinatários em interações linguísticas orais (falas, conversas) e escritas (impressos, manuscritos). Divididas em dois grupos, tais pistas podem se relacionar ao arcabouço visual fornecido por uma HQ: as *fontes extralinguísticas* (conhecimentos de mundo), que são os traços específicos e as suposições gerais acerca das situações expostas e que, nos quadrinhos, situam o receptor quanto aos personagens e demais elementos de cenário, definindo vestuários, lugares, gestos corporais corriqueiros, cores, porte anatômico etc.; e as *fontes metalinguísticas* (conhecimentos sobre a estrutura e os usos da língua), que se referem a circunstâncias linguísticas relevantes ao enunciado em questão, ressaltando as aparências dos personagens ao falar, destacando os léxicos recorrentes e as convenções textuais mais adequadas a determinadas situações ilustradas nos desenhos.

Mantendo essa dialética, Pato (2007) cita três elementos importantes na comunicação através dos quadrinhos: o *espectador* (leitor), o *produtor* (criador da história) e o *representado* (elementos quadrinísticos). Diante de tais elementos, estabelecem-se relações entre os *representados*, nas quais configurações internas recorrentes entre os personagens, cenários, metáforas visuais, sinais gráficos etc. inevitavelmente acontecem; entre os *participantes interativos* (produtor e espectador) e os *representados*, tratando-se de relações existentes entre os elementos gráficos criados e o produtor da história e entre esses mesmos elementos criados pelo produtor e os leitores; e, por fim, tem-se a interação entre os *participantes interativos*, apenas, na qual se estabelece a comunicação entre produtor e leitor através dos recursos gráficos produzidos na HQ.

Os elementos gráficos de HQs, portanto, atingem as dimensões *intraicônica*, relativa à constituição coerente das formas empregadas (*design*); *intericônica*, referente à capacidade do leitor de preencher a narrativa gráfica entrequadros (nas elipses/sarjetas/interimagens) com signos de sua própria vivência, dando o devido sentido à história; e *extraicônica*, na qual reformula-se o sentido da história conforme os aspectos culturais e sociais do leitor (KRESS; van LEEUWEN, 2001). Dentro dessas dimensões, é possível traçar perfis comunicativos entre cada elemento de tal ato enunciativo.

Não obstante, é importante relembrar as inúmeras possibilidades de combinar uma expressão escrita a uma circunstância desenhada, que, por sua vez, se fecham (palavra e ilustração) em um significado específico sem possibilidades de dupla interpretação (MOTA; GUILHERME, 2000).

Como exemplo, imaginemos a seguinte situação. Em uma HQ, certo personagem diz "Socorro! Fui assaltado!". Em resposta, outro personagem (um interlocutor) exclama, com sobrancelhas cerradas, braços, olhos e bocas muito abertos: "E daí?". Aqui, há um sentido colocado pelo texto na imagem, fazendo-a aludir a descaso. Agora, idealizemos a mesma cena, com o mesmo interlocutor mantendo a mesma expressão facial e corporal, porém gritando: "E você não fez nada?". Neste caso, acena-se a um clima de surpresa. São enunciados diferentes escritos sobre um mesmo contexto iconográfico, sobre o qual se podem lançar ideias diferentes (KOCH, 2006).

Se o contexto é visto como fundamental tanto nas particularidades quanto nas coletividades sociais, no tocante às produções textuais escritas e orais, então não se pode excluir a importância de um olhar variacionista sobre as preferências vocabulares feitas pelos interlocutores em suas ações comunicativas (MACEDO, 2010).

Dentro da sociolinguística, estudos na oralidade e na escrita, tanto no campo semântico quanto sintático, verificam quais motivos ideológicos levaram a uma formação de uma variedade linguística propriamente dita (RIBEIRO; MARTINS, 2007; MARCUSCHI, 2008). Bagno (2009) representa essa assertiva comparando o português cotidiano à ortografia oficial (tradicional), fenômenos tecnicamente diferentes: ao tentar se expressar escrevendo "chícara", ao invés de "xícara", o indivíduo não errou, mas tentou acertar justamente porque enxergou a forma correta da pronúncia dessa palavra. Neste caso – e em tantos outros, dentro de interações geralmente preconceituosas – o ideal seria substituir a noção de erro pela de "tentativa de acerto", pois a língua escrita é uma tentativa de analisar a falada e essa análise será feita pelo usuário da escrita no momento de grafar sua mensagem, de acordo com o seu perfil sociolinguístico (BAGNO, 2009; MOLLICA, 2010). Raso (2007) sugere até que a fala interfere mais na escrita do que a escrita modifica a fala.

Nessa conjuntura, "o foco no contexto, tanto no fator restritivo como produto do discurso, tem conduzido a um refinamento cada vez mais crescente das abordagens da fala, já que é principalmente na elaboração de enunciados falados ou escritos que linguagem e contexto são articulados" (HANKS, 2008, p. 169).

Entre escrita e oralidade há um contínuo movimento de funcionalidade e adaptação às necessidades do cotidiano. Havelock (1995) afirma que a linguagem oral não difere da escrita por conta das características conversacionais apenas, mas sim na língua empregada como processo de armazenamento informacional, pois *falando* é preciso exercitar mais a mente para exprimir um enunciado coeso, enquanto *escrevendo* há maior facilidade para controlar os vocábulos e suas concordâncias, verbais e nominais, devido ao discurso, neste último formato, ser regido por um maior planejamento estrutural. Foi justamente dessa ordenação oral de textualização que a escrita se apropriou para emoldurar as suas regras.

Como as pessoas adquirem as variações linguísticas próprias de suas regiões e posições sociais (ALKMIM, 2004), acoplando modismos a sua oralidade, não é surpresa tais sujeitos procurarem não só se identificarem com o que leem, mas também levarem essas peculiaridades às suas maneiras de escrever (MOLLICA, 2010). Sendo assim, a escrita interage com diversas práticas sociais, obedecendo, nas várias culturas, a critérios de desenvolvimento distintos (ONG, 1998).

Portanto, fala e escrita não são linguagens distintas, mas modalidades diversas de uma mesma língua, empregadas nos gêneros textuais em situações cotidianas específicas e contextualizadas (MARCUSCHI, 2008). No entanto, existem diferenças referentes ao nicho de cada categoria. Na escrita, prevalece a grafia, os recursos visuais, como cores e tamanhos tipográficos, a capacidade de registro etc. Já na oralidade, destacam-se a espontaneidade, a gestualidade, a prosódia (sons, entonação das palavras) e a sincronia temporal, que, por sinal, podem ser substituídas nos quadrinhos pelos desenhos e caligrafias específicas, a exemplo das palavras compostas por letras grandes e em negrito representando gritos (como na Figura 1), balões de fala angulados simbolizando vozes em aparelhos eletrônicos, e assim por diante (MARCUSCHI, 2008; RAMOS, 2009).

Figura 1 – Fonte: Allyson Vila Nova, "Revolta" (2009).

O grau de relevância entre essas modalidades só pode ser formado a partir de um contínuo sócio-histórico de práticas, ou seja, em determinadas situações uma ou outra (ou mesmo as duas) se sobressai. Contudo, atualmente, há uma mescla tão grande entre oralidade e escrita, que é possível enxergar diferentes níveis de fala tanto em uma quanto em outra. Um bom exemplo dessa combinação é o fenômeno dos bate-papos virtuais, muito utilizados nos cursos a distância, onde a escrita se modifica estruturalmente por questões de tempo (vc = "você", tc = "teclar", naum = "não", bjo = "beijo" etc.), passando a ficar síncrona, atribuição antes verificada apenas na oralidade (MARCUSCHI, 2008; DAUSTER, 2008). Talvez a única vantagem da escrita resida em uma maior possibilidade de planejamento textual, apenas (PRETI, 2004).

Pode-se aí fazer uma distinção precisa entre língua falada e língua escrita no sentido de que na língua falada encontram-se a *oralidade*, onde são empregados recursos formais e informais sociais de comunicação, e a *fala*, recurso técnico composto pelos sons; e na língua escrita está o *letramento*, também referente às formalidades e informalidades comunicacionais de um lado, e as grafias (modelos visuais) de outro. A principal diferença reside, então, nos recursos empregados nessas interações linguísticas (MARCUSCHI, 2008).

Para Gnerre (2009), da mesma forma que a escrita representa um fenômeno de difusão cultural, em boa medida também a existência de variedades linguísticas escritas é resultado da difusão de algumas modalidades (ou macromodalidades) expressivas. Dessa maneira, tal categoria encontra funções essenciais de pertinência, nas quais há uma relação entre o sentido e a integração da língua a um conjunto cultural mais amplo (BLANCHE-BENVENISTE, 2004). Nesse âmbito, há padrões escritos – como há na fala – mais prestigiosos ou considerados mais "corretos" em relação a outros, característica comumente transferida às páginas das HQs. Afinal, o fato de uma língua ser escrita ou oral não definirá, por si só, a forma como ela será compreendida, mas a sua contextualização situacional é o que instituirá aspectos estruturais de interpretação e aceitação.

Portanto, Pato (2007) assegura, apoiado em Bakhtin e também em Jakobson, que os elementos gráficos usados nas HQs, para expressar determinada situação, funcionam da mesma forma como a linguagem na vida real é adaptada a contextos sociais de uso. Nesse tipo de material, a comunicação não se pode resumir, consequentemente, a meros desenhos ou textos, pois tais elementos precisam estar integrados a uma realidade de um grupo determinado de pessoas.

Ao escrever, qualquer autor deve levar em conta não só a estrutura do texto em si, mas, também, outro aspecto igualmente relacionado ao corpo de texto, resumido na definição precisa sobre quem é o público-alvo para o qual é direcionado este material, o que atribuirá maior aceitação à informação ali presente (RASO, 2007).

Conclusões

Como se pode ver nesta breve discussão, os quadrinhos possuem uma anatomia visual própria, com seus elementos interagindo sincronicamente no decorrer da leitura. E é interessante observar como alguns profissionais de HQs muitas vezes elaboram suas histórias sem essa consciência, mirando seus empenhos unicamente na tarefa que lhe cabe, desenhando, escrevendo ou diagramando sem a devida preocupação com as inter-relações entre cada atividade no planejamento geral de produção dessa mídia.

Tomar partido de tal linguagem, avaliando as regras de como produzi-la e interpretá-la, é fundamental tanto para desenhistas e escritores quanto para leitores, pois ambos os lados estão envolvidos na efetivação das mensagens contidas nos quadrinhos. Como afirma Bronckart (1999, p. 103), "a apropriação dos gêneros é um mecanismo fundamental de socialização, de inserção prática nas atividades comunicativas humanas". Logo, torna-se correto se apropriar do gênero HQ.

Acredita-se que conhecer a composição das HQs possa favorecer a utilização deste gênero em contexto educacional de forma mais direcionada aos objetivos linguísticos que se quer alcançar.

Referências

ALKMIM, T. M. Sociolinguística. In: MUSSALIN, F.; BENTES, A. C. (org.). *Introdução à Linguística*: domínios e fronteiras. 4. ed. São Paulo: Cortez, 2004.

ALMEIDA, M. F. *As multifaces da leitura*: a construção dos modos de ler. João Pessoa: Graphos, v. 10, n. 1, 2008, pp. 65-80.

BAGNO, M. *Preconceito linguístico*: o que é, como se faz. São Paulo: Loyola, 2009.

BENTES, A.C. Linguística textual. In: MUSSALIN, F.; BENTES, A. C. (org.). *Introdução à Linguística: domínios e fronteiras*. 4. ed. São Paulo: Cortez, 2004.

BLANCHE-BENVENISTE, C. A escrita, irredutível a um código. In: FERREIRO, E. et al. (org.). *Relações de (in)dependência entre oralidade e escrita*. Porto Alegre: Artmed, 2004, pp. 13-45.

BORDENAVE, J. E. D. *O que é comunicação*. São Paulo: Brasiliense, 2005.

BRONCKART, J-P. *Atividades de linguagem, textos e discursos*: por um interacionismo sociodiscursivo. São Paulo: EDUC, 1999.

CARUSO, F.; SILVEIRA, C. *Quadrinhos para cidadania. História, ciências, saúde, Manguinhos,* Rio de Janeiro, v. 16, n. 1, pp. 217-36, jan./mar. 2009.

CASSANY, D. *Oficina de textos*: compreensão leitora e expressão escrita em todas as disciplinas e profissões. Porto Alegre: Artmed, 2008.

DASCAL, M.; WEIZMAN, E. Contextual exploitation of interpretation clues in text understanding: an integrated model. In: VERSCHUEREN, J.; BERTUCELLI PAPI, M. (ed.). *The pragmatic perspective*: selected papers from the 1985 International Pragmatics Conference. Amsterdam: Benjamins, 1987. pp. 31-46.

DAUSTER, T. Oralidade e escrita: notas para pensar as práticas de alfabetização. In: VÓVIO, C. L.; IRELAND, T. D. *Construção coletiva*: contribuições à educação de jovens e adultos. 2. ed. Brasília: UNESCO, 2008.

EISNER, W. *Quadrinhos e arte sequencial*. 3. ed. São Paulo: Martins Fontes, 2001.

GIORA, R. Towards a theory of coherence. *Poetics Today*, v. 6, pp. 699-716, 1985.

GNERRE, M. *Linguagem, escrita e poder*. 5. ed. São Paulo: Martins Fontes, 2009.

HANKS, W. F. O que é contexto? In: HANKS, W. F. (org.) *Língua como prática social*: das relações entre língua, cultura e sociedade a partir de Bourdieu e Bakhtin. São Paulo: Cortez, 2008.

HAVELOCK, E. A equação oralidade-escritura: uma fórmula para a mente moderna. In: OLSON, D.; TORRANCE, N. *Cultura e oralidade*. São Paulo: Ática, 1995, pp. 17-34.

KOCH, I. G. V. *Introdução à Linguística Textual*: trajetória e grandes temas. São Paulo: Martins Fontes, 2006.

_____; TRAVAGLIA, L. C. *Texto e coerência*. São Paulo: Cortez, 1989.

KRESS, G.; van LEEUWEN, T. *Multimodal discourse*. London: Arnold, 2001.

LUYTEN, S. M. B. *Histórias em quadrinhos*. São Paulo: Paulinas, 1985.

MACEDO, A. V. T. Linguagem e contexto. In: MOLLICA, M. C.; BRAGA, M. L. (org.). *Introdução à sociolinguística*: o tratamento da variação. 4. ed. São Paulo: Contexto, 2010.

MACHADO, A. R. *Uma experiência de assessoria docente e de elaboração de material didático para o ensino de produção de textos na universidade*. São Paulo: DELTA, v. 16, n. 1, pp. 57-73, 2000.

MARCUSCHI, L. A. *Linguística de texto*: o que é e como se faz. Recife: UFPE, 1983.

_____. *Da fala para a escrita*: atividades de retextualização. 9. ed. São Paulo: Cortez, 2008.

MOLLICA, M. C. Fundamentação teórica: conceituação e delimitação. In: MOLLICA, M. C.; BRAGA, M. L. (org.). *Introdução à sociolinguística*: o tratamento da variação. 4. ed. São Paulo: Contexto, 2010.

MOTA, P.; GUILHERME, T. M. *A linguagem da banda desenhada*. Amadora: Centro Municipal de Banda Desenhada e Imagem, 2000.

ONG, W. J. *Oralidade e cultura escrita*: a tecnologização da palavra. Campinas: Papirus, 1998.

PATO, P. R. G. *História em quadrinhos*: uma abordagem bakhtiniana. 151 f. Dissertação (Mestrado em Educação). Brasília, Universidade de Brasília, 2007.

PRETI, D. *Estudos da língua oral e escrita*. Rio de Janeiro: Lucerna, 2004.

RAMOS, P. *A leitura dos quadrinhos*. São Paulo: Contexto, 2009.

RASO, T. Formar formadores para a escrita profissional. *Revista Brasileira de Linguística Aplicada*, Belo Horizonte, v. 7, n. 2, pp. 237-70, 2007.

RIBEIRO, R. M. L.; MARTINS, I. O potencial das narrativas como recurso para o ensino das ciências: uma análise em livros didáticos de Física. *Ciência & Educação*, Belo Horizonte, v. 13, n. 3, 2007, pp. 293-309.

SILVA, N. M. *Fantasias e cotidianos nas histórias em quadrinhos*. São Paulo: Annablume, 2002.

SILVA, F. L. C. M. A relação entre arte e quadrinhos a partir da perspectiva estética, ética e filosófica de Shusterman. *Descrições*, Ano 1, n. 4, 2010.

Capítulo 5

A palavra gera o texto, o contexto influencia o texto

ADELMA CAMPELO CÉSAR[1]
ÂNGELA CRISTINA PASCARETTA GALLO[2]

A construção da subjetividade acompanha o indivíduo desde a sua mais tenra idade, e o conhecimento de mundo é um dos primeiros processos nessa sua formação. Mesmo sem o domínio da leitura ele pode ser um sábio em sua arte, em seu labor, porém, este conhecimento se estanca nesse seu pequeno mundo.

---

[1] Bacharel em Língua Portuguesa pela Universidade Federal de Pernambuco (UFPE), especialista em Língua Portuguesa pela Faculdade Integrada de Vitória de Santo Antão – PE e professora da Educação de Jovens e Adultos (EJA) do SESC – Santo Amaro, Casa Amarela e Santa Rita.

[2] Bacharel em Ciências Biológicas pela Faculdade de Filosofia de Pernambuco, bacharel em Administração de Empresas pela Faculdade ESUDA, especialista em Ensino Interdisciplinar das Ciências pela Universidade Federal Rural de Pernambuco (UFRPE), instrutora do SEBRAE, professora da Educação de Jovens e Adultos (EJA) do SESC – Santo Amaro-PE e membro titular da Comissão de Grupo Técnico Temático do Meio Ambiente da mesma instituição. Cursa especialização em Perícia, Auditoria e Gestão Ambiental na Universidade de Pernambuco (UPE).

É necessário dominar o ato da leitura e da escrita para que esse seu *processo* de construção do saber se universalize e o torne um ser consciente de seus valores e suas fraquezas, seus direitos e deveres como cidadão consciente e participativo no meio social.

Parafraseando um provérbio latino, "A ignorância é sempre tolerante com a ignorância". E um indivíduo que centraliza seus saberes a uma única esfera de vida, ignora o poder intrínseco que possui de expandir seus conhecimentos através da troca de experiências.

A chave da conscientização desse poder está no domínio da palavra escrita. Essa, sim, lhe dará asas, o fará voar ao encontro das novas informações que irá receber/transmitir, e, assim, (re)construir sua visão de mundo.

O presente artigo surgiu ante a angústia que acompanha todo professor ao lidar com jovens avessos ao interesse pela leitura. Como fazê-los conviver com os textos de uma maneira agradável e motivadora? Como torná-los leitores críticos, conscientes de que a chave do poder está nos conhecimentos que se adquirem através da leitura? Como torná-los alunos produtores, capazes de serem compreendidos dentro dos princípios norteadores da língua portuguesa, de uma maneira coesa e coerente?

Esse contexto nos leva a refletir que a escolha dos textos que levamos para sala de aula deve estar atrelada ao cotidiano e ao interesse do aluno, que, ao perceber-se protagonista do seu processo de aprendizagem, ficará estimulado a ler, debater e ir sempre em busca de mais conhecimentos de forma autônoma.

O grande desafio para quem leciona hoje em dia é fazer de seu aluno um bom leitor. A leitura fará com que os conhecimentos adquiridos lhe deem subsídios que facilitem o desenvolvimento de sua escrita e, consequentemente, de sua oralidade.

Em relação à leitura e à escrita, concordamos com Lira (2010, p. 104) que "essas duas realidades são inseparáveis, faces de uma mesma moeda; a escritura não pode se separar da leitura: já que se escreve para ser lido".

Isso quer dizer que quem escreve registra suas experiências, que servirão de aporte para que o leitor as utilize em situações que estão vinculadas aos conteúdos de sua leitura. Conclusão: só escreve bem quem lê, pois a leitura traz fundamentos e credibilidade para aquilo que se quer escrever.

É interessante repassar para o educando que o conhecimento dá poder de argumentar e de transformar a sua realidade no meio social em que vive. E, ainda, que a falta desses conhecimentos o excluirá do mundo dos intelectualmente preparados.

O mundo da leitura proporciona ao aluno leitor uma amplitude no universo do conhecimento. E a complexidade dos saberes requer uma visão interdisciplinar, pois é um conhecimento holístico, que facilita sua atuação no campo em que vai atuar, ao contrário do ensino disciplinar fragmentado, que dificulta a aprendizagem do aluno, *além de não estimular o desenvolvimento de sua inteligência.*

Foi observada, nas aulas de ciências, a dificuldade que o aluno tem de se expressar através da escrita, porque o mesmo não possui o hábito de ir em busca do conhecimento através da leitura, o que dificulta o desenvolvimento de um raciocínio que o leve a registrar seus novos saberes.

Esta dificuldade nos levou a fazer um trabalho interdisciplinar, indo procurar apoio nas aulas de português com a intenção de trabalharmos os mesmos textos nas duas disciplinas. As aulas de ciências trariam os conhecimentos científicos, e as aulas de português o conhecimento linguístico, tão necessário a todas as áreas de conhecimento. Por outro lado, o ganho seria duplamente gratificante, pois colocaria os professores também na condição de aprendentes, visto que, a partir do momento em que um trabalhasse paralelamente na área do outro, estar-se-ia aprimorando também os seus conhecimentos.

Foi pensando nisso que resolvemos mudar nossa prática pedagógica e fazer um trabalho que tornasse as aulas de ciências mais dinâmicas, pois os alunos a quem ensinávamos pertenciam à modalidade de Educação de Jovens e Adultos (EJA), do turno da noite, os quais chegavam à sala de aula cansados e desmotivados, por estarem fora do modelo convencional de escolaridade.

Escolhemos trabalhar os diversos gêneros textuais, na área de português, porque esta ferramenta pedagógica oferece várias formas de leituras de mundo. E, na área de ciência, a educação para a sustentabilidade, por ser um assunto de extrema importância nos dias de hoje, visto a necessidade de mudar comportamentos em favor de uma melhor qualidade de vida no planeta. A sustentabilidade é um tema recorrente, pois visa à conscientização dos jovens, tornando-os agentes multiplicadores.

Nesse sentido, o trabalho em conjunto com a língua portuguesa fomentou uma participação mais efetiva e resultados mais positivos. Diante da variedade de gêneros textuais, a abordagem ao tema ficou mais ampla, sem se tornar cansativa.

Nossa intenção foi instigar o aluno a refletir sobre os problemas que o planeta vem passando, em consequência dos maus usos dos seus recursos naturais, e, ao mesmo tempo, trabalhar a leitura e a escrita, instigando o aluno a registrar o produto de suas pesquisas e vivências, através de resumos, contos, poemas e painel com figuras representando a devastação da natureza.

Esta reflexão o faz, enquanto cidadão, tomar consciência de sua responsabilidade diante dos problemas ambientais e mudar sua prática em relação ao consumo consciente dos recursos oferecidos pela natureza, passando a expor com clareza a sua função de agente multiplicador em sua comunidade.

O homem não faz nada na sociedade, por mais simples que seja, sem se comunicar em todas as áreas e etapas de sua existência. Segundo Aurélio (2010), "Comunicação significa exposição oral ou escrita sobre determinado tema." O que pode vir de várias formas a induzir o indivíduo a refletir sobre suas ações, mudar seu comportamento e multiplicar novas ideias que venham contribuir com a melhoria da qualidade de vida no meio em que vive.

Concordamos com Cereja e Magalhães (2005, p. 21), quando afirmam que "a língua portuguesa é o código mais utilizado por nós brasileiros, nas situações de comunicação e interação social. Por isso, quanto maior o domínio que temos da língua, maiores são as possibilidades de nos comunicarmos com eficiência".

Aceitando a proposição destes autores, concluímos que o domínio da língua também deve se estender às demais áreas das disciplinas escolares, uma vez que a dificuldade que os alunos têm de escrever perpassa pelas mesmas, sendo ocasionada pela já citada falta de leitura. Dominar a língua significa adquirir conhecimentos linguísticos, adequando-os a contextos que, ao serem aplicados, abrem amplos horizontes, dando ao indivíduo condições de se expressar bem e com mais facilidade, fazendo-se, assim, entender e ser entendido.

Trabalhar os conteúdos linguísticos, com textos significativos para o aluno, nas aulas de ciências, faz com que ele desenvolva uma postura de que deve se preocupar com a escrita em todas as disciplinas, e não apenas nas aulas de português.

Por outro lado, a língua portuguesa, ao desenvolver um tema em comum, através de debates críticos sobre os cuidados com o meio ambiente, proporciona ao aluno condições de exercitar sua oralidade, adquirindo mais autonomia para se colocar e para registrar as suas opiniões. São conhecimentos ampliados que, após essas análises interpretativas, proporcionam ao escrevente embasamento em suas produções textuais.

É por isso que acreditamos que:

> O pensar e o agir interdisciplinar se apoiam no princípio de que nenhuma fonte de conhecimento é em si mesma completa e de que, pelo diálogo com outras formas de conhecimento, de maneira a se interpenetrarem, surgem novos desdobramentos na compreensão da realidade e sua representação (FAZENDA apud LUCK, 1994, p. 63).

Trabalhar de forma interdisciplinar proporciona ao aluno estabelecer conexões entre fatos e conceitos de diversas áreas do conhecimento, facilitando o processo de ensino-aprendizagem.

É preciso saber que para alcançar o ensino interdisciplinar é necessário derrubar barreiras entre as pessoas e as disciplinas. Entre os entraves para essa integração está o professor que precisa ousar em suas atividades. Deve investir também em leituras que lhe deem condições de trabalhar os conteúdos de outras disciplinas nem que sejam, a princípio, de forma superficial, passando para o professor da disciplina específica a responsabilidade de explorar os conhecimentos.

É o que nos afirma Morin (2000, p. 45), quando diz que "o parcelamento e a compartimentação dos saberes impedem de aprender o que está tecido junto".

A visão global do todo permite ao aluno compreender melhor as partes de que esse se compõe, facilitando a compreensão do seu saber através da sua diversidade.

Cabe ao professor a ousadia de romper com velhos paradigmas, inovar e diversificar suas práticas pedagógicas, para que possa proporcionar ao aluno o contato com a sua realidade também em sala de aula, estimulando-o a ir em busca de novos conhecimentos e, também, de que possa aplicá-los no meio em que vive.

A diversificação das práticas pedagógicas estimula e motiva os educandos a procurarem novas experiências e a formarem novos conceitos, o que lhes dará condições de, através dos conhecimentos adquiridos, facilitarem a sua comunicação verbal e oral.

Os gêneros textuais, pela sua diversidade de formas, apresentam características sociocomunicativas que permitem ao leitor tecer conhecimentos a partir de situações encontradas no seu cotidiano.

As aulas extraclasses possibilitam uma aprendizagem mais significativa, ao contextualizar o que se leu em sala de aula, porque permite ao mesmo participar de fatos reais, enquanto constrói o seu conhecimento através de debates, pesquisas e anotações, o que irá facilitar as produções escritas em seus variados gêneros.

Sabemos que toda contextualização leva ao aprendizado, pois as vivências possibilitam o estímulo dos vários órgãos dos sentidos, que, em interação como objeto de estudo, passam a ter um significado maior, o que faz com que o aluno internalize o produto do seu conhecimento através dos estímulos recebidos do meio exterior.

Isso acontece porque o cérebro humano é responsável pelo recebimento e interpretação das sensações captadas pelos órgãos dos sentidos, transformando-as em informações valiosas e importantes no processo cognitivo do educando.

Conforme Mc Crone (2002, p. 14) "o cérebro contém áreas especializadas em diversas atividades como: planejar movimentos, fazer julgamentos, ou mapear o cenário visual".

Isso significa dizer que ver, *in loco,* um rio poluído é muito mais chocante do que ouvir ou ler a respeito, pois, na presença do fato em observação, se tem o contato olfativo e visual do impacto ambiental observado, e isso fica registrado na memória com mais evidência.

O conhecimento dá forma aos textos escritos, geralmente fruto de vivências, experiências ou discussões das atividades vivenciadas e registradas. E a escrita dá forma à história.

Pouca leitura significa pouco conhecimento e, consequentemente, pobreza de vocabulário, o que dificulta o processo da compreensão textual e da escrita. Para formar bons leitores, é necessário usar técnicas que facilitem o entendimento durante o processo de leitura como: consulta ao dicionário, busca das palavras-chave no texto e da ideia central de cada parágrafo.

As palavras desconhecidas pelo aluno muitas vezes bloqueiam o entendimento do conteúdo textual. O conhecimento da palavra é que dá sentido ao texto, e este proporciona a compreensão do contexto em que o aluno está inserido. De posse desta compreensão, desenvolve-se o senso crítico e a formação de opiniões, o que irá contribuir para o bom desempenho de sua oralidade e, consequentemente, de sua escrita. (LER-FALAR-ESCREVER). Quem lê, aperfeiçoa a fala e facilita a escrita.

Na escola, trabalhar com produção de textos sempre foi o entrave na vida da maioria dos professores de todas as áreas de ensino, em razão da falta de leitura dos alunos, muitas vezes por não encontrarem identificação dos mesmos com a sua realidade.

Produzir bons textos significa registrar os conhecimentos adquiridos através de leituras ou vivências de mundo sobre o assunto que se quer escrever. A escrita sempre foi, desde os tempos mais remotos, uma forma de comunicação muito importante para o crescimento intelectual, cultural e científico da humanidade.

Através da escrita, em suas diversas formas, é que hoje conhecemos a história dos nossos antepassados, servindo de norte para as experiências atuais e futuras.

No plano científico, os registros experimentais das ciências nos dão possibilidade de darmos continuidade a trabalhos, sem que seja preciso partir do início da experiência que se deseja realizar.

Cabe a nós, professores dos futuros cidadãos, preocuparmo-nos em investigar de que maneira devemos agir para estimular nossos alunos a serem bons produtores de texto, visto que a escrita é a forma mais utilizada de registrar os acontecimentos de uma época e desenvolver ações futuras.

E foi partindo dessa inquietação que surgiu este trabalho experimental que a seguir relataremos, o qual acreditamos que poderá servir de exemplo para que outras disciplinas sigam esse mesmo caminho, tendo em vista que observamos grandes avanços no que se refere ao interesse e desempenho dos alunos.

Trabalhando a sustentabilidade através da língua portuguesa

Para a execução da presente proposta escolhemos, em sala de aula, trabalhar com uma música conhecida pelos alunos, por ser este um gênero textual atraente e lúdico. A temática analisada foi o meio ambiente, com a letra "Xote ecológico", do nosso grande rei do baião, Luiz Gonzaga.

A educação ambiental tem como propósito formar cidadãos preparados para conviver com esta nova realidade de desgaste planetário, sendo necessárias mudanças no comportamento da humanidade, a fim de assegurarmos a qualidade de vida da atual e das futuras gerações, ou seja, educação para a sustentabilidade.

A escola é o lugar ideal para trabalhar mudanças de comportamentos, e as disciplinas são veículos para que essas mudanças aconteçam.

Na Carta da Terra (GADOTTI, 2010, p. 9), documento que emerge como uma declaração de princípios éticos e valores fundamentais para a construção de uma sociedade global mais justa, sustentável e pacífica, no prefácio, Tomchinsky afirma que "a responsabilidade de educar para a sustentabilidade é de todos".

A necessidade de se trabalhar as questões ligadas aos impactos ambientais provocados pelo próprio homem é de extrema urgência, visto que se trata de um problema global, sendo um tema transversal nos Parâmetros Curriculares Nacionais. Este documento tem por finalidade "apontar metas de qualidade que ajudem o aluno a enfrentar o mundo atual como cidadão participativo, reflexivo e autônomo, conhecedor de seus direitos e deveres".

Sobre a transversalidade, nas aulas de ciências e de língua portuguesa trabalhamos o tema "meio ambiente", junto aos conceitos linguísticos, e pudemos observar a grande afinidade existente entre essas duas disciplinas que se entrelaçam e se fundem.

Educar para a sustentabilidade significa reflexão e ação sobre os problemas que o planeta vem passando, em virtude das atitudes negativas do homem sobre os seus recursos naturais. Quando trabalhamos com a leitura em sala de aula, oportunizamos ao aluno a reflexão, a argumentação e o posicionamento dos mesmos em face da resolução dos problemas ambientais.

A leitura irá orientar a geração atual a entender que os recursos que o planeta oferece são finitos, e, por isto, devemos utilizá-los de forma que as futuras gerações também possam usufruir deles com qualidade. De posse desses conhecimentos, o leitor se torna um multiplicador de informações a respeito dos cuidados com a natureza.

Optamos trabalhar com os diversos gêneros textuais, porque são textos sociocomunicativos encontrados na vida diária e que servem de modelo para a compreensão de determinadas informações, o que irá contribuir para facilitar a reflexão e a organização dos alunos, como também para sua proficiência na oralidade e a produção dos textos.

Segundo Tuzzin e Hempe (2012, p. 776),

> não há comunicação que não esteja devidamente caracterizada em algum gênero textual... eles surgem de acordo com sua função na sociedade; seus conteúdos, seu estilo e sua forma estão sujeitos a essa função. Isto quer dizer que conhecer um gênero não é apenas conhecer as suas características formais, mas, antes de tudo, entender a sua função e saber, desse modo, interagir adequadamente.

As informações apresentadas através dos gêneros textuais mais ligados à realidade e afinidade dos alunos ajudarão os mesmos, em sala de aula, a entender, de forma mais clara, os problemas socioambientais que o planeta vem sofrendo, e os embasarão no momento da produção dos seus textos.

Para isso, apresentamo-lhes situações cotidianas, vivenciadas ou observadas, em que puderam se deparar com vários tipos de agressões ao meio ambiente, dando-lhes a oportunidade de ver e refletir que eles são parte do sistema, e não donos dele.

Ao trabalhar com as diversas formas de gêneros, por mais simples que sejam, e aplicados ao cotidiano do aluno, as palavras ganham vida através de seus significados, tornando a construção dos conhecimentos um momento mais diversificado, prazeroso e significativo.

Em relação ao trabalho em sala de aula, foi interessante perceber a motivação dos alunos, na medida em que refletiam e se identificavam com a realidade apresentada, fazendo deste um trabalho mais rico e dinâmico.

Como já foi dito, observamos que as dificuldades apresentadas pelos nossos alunos, no ato de produção de textos, dão-se por falta de interesse pela leitura e, consequentemente, por falta dos conhecimentos que a prática da mesma oferece.

Por outro lado, sabemos também que a vivência traz conhecimento, mas que não é suficiente para que o aluno exponha suas ideias com coerência e coesão, através da escrita, procedimento necessário para que o mesmo seja entendido pelo leitor.

Para o entendimento das questões socioambientais, fizemos uma sequência didática de estudos e pesquisas, partindo da análise de diversos gêneros textuais: vídeos, músicas, textos verbais e não verbais, fotografias, reportagens de jornais, como também visitas à cooperativa Pró-Recife e à Organização da Sociedade Civil de Interesses Públicos (de catadores de resíduos sólidos). Todas essas vivências serviram de ferramentas para fundamentar e facilitar a compreensão dos conteúdos ligados às disciplinas em questão, como meio de desenvolver a prática da escrita através da leitura de mundo.

Durante todo o processo, foi analisada a etimologia de algumas palavras desconhecidas nos textos lidos e seus significados, como forma de facilitar a compreensão no processo de interpretação textual. Um dos exemplos analisados foi o estudo de certos prefixos encontrados, pois o domínio dos mesmos levaram à compreensão de outros novos vocábulos.

Dentre os gêneros textuais trabalhados, o gênero letra de música foi um dos que mais despertou interesse, por parte dos alunos, por ser uma maneira lúdica e agradável de trabalhar os conteúdos programáticos. Essa foi uma das formas de tornar as aulas mais movimentadas, visto que a turma é composta por alunos que trabalham durante o dia e estudam à noite, chegando cansados na sala de aula.

Em homenagem ao centenário do nosso cantor e compositor Luiz "Lua" Gonzaga, a música escolhida pela turma foi "Xote ecológico", que retrata em sua letra os problemas de desgaste ambiental que o planeta vem passando.

Quanto às competências e habilidades da língua portuguesa, trabalhamos a linguagem textual, de forma que o aluno percebesse a diferença entre um texto literário e não literário, poema musical, crônica, propaganda, poesia etc. e a aplicação dos mesmos em suas produções textuais.

No campo das ciências, enfatizamos os conteúdos de ecologia e fisiologia humana, as condições de sobrevivência do corpo humano, a sua dependência dos recursos que a natureza oferece e a importância da sua conservação para a manutenção da vida na terra. Vejamos as práticas didáticas aplicadas para os alunos da EJA, na Unidade do SESC Santo Amaro-PE.

Relato de experiência com música

Começamos o trabalho analisando o significado da palavra "xote", que é uma corruptela de "schottisch", que significa "escocesa", uma referência à polca escocesa, tal como era conhecida pelos alemães. É um ritmo musical binário ou quaternário e uma dança de salão, de origem centro europeia, que sofreu modificações e difundiu-se no Nordeste do Brasil.

Ao analisar o contexto da música, os alunos destacaram as formas de agressão do homem à natureza e suas consequências, como a poluição do ar, identificada com a dificuldade de respirar, a poluição do solo, pela dificuldade de germinação da planta, e a poluição da água, pela morte dos peixes.

No estudo também foi identificada a desertificação, fruto do mau uso do solo, a poluição pelo chorume, resultado da decomposição do lixo orgânico, contaminando os lençóis freáticos que abastecem os mananciais e rios da cidade, e a poluição do ar, resultado dos gases eliminados pelas fábricas, carros e pela respiração dos animais.

No quarto verso, que diz "até pinga da boa é difícil de encontrar", foi discutida a forma implícita com que o autor se refere à péssima qualidade do solo, em razão da exploração da monocultura da cana-de-açúcar, e ao uso excessivo dos agrotóxicos, entrando um pouco também na área de geografia.

Entender que o texto pode apresentar ideias implícitas, em forma de pressupostos e subentendidos, é essencial para que o leitor, ao tomar consciência destes elementos, faça suas inferências, posicione-se e fique mais atento à leitura.

Segundo Koch e Travaglia (apud Rodrigues, 2012, p. 4), o leitor competente faz sempre inferências, pois, "inferência é a operação pela qual, utilizando seu conhecimento de mundo, o receptor (leitor, ouvinte) de um texto estabelece uma relação não explícita entre dois elementos (normalmente frases ou trechos) do texto que ele busca compreender e interpretar".

"Foram também detectados na música elementos de figuras de linguagem, no refrão "a poluição comeu" (personificação), como também no verso "e o verde onde está?" (metonímia). As figuras de linguagem são recursos utilizados por quem escreve para tornar suas mensagens mais expressivas. A música foi definida pelos alunos como uma forma de linguagem que se utiliza da voz, instrumentos musicais e outros artifícios, para expressar algo a alguém.

Paralelamente, foi pedido aos alunos que produzissem textos sobre questões ambientais e que, através das figuras de linguagem, expressassem seus sentimentos.

Dando sequência ao nosso trabalho, foi solicitado aos educandos que trouxessem imagens (textos não verbais) representando todos os problemas ambientais identificados na música "Xote ecológico" e que indicassem, através de um texto informativo, possíveis soluções para os citados problemas. Como resultado disso, tivemos um excelente material para a produção de uma futura cartilha ecológica.

Vale salientar que o estudo com tema ambiental surgiu da necessidade atual de sensibilizar para os problemas que o planeta vem passando, porém, a técnica utilizada nesse projeto pode ser aplicada em outras áreas do conhecimento, sempre atrelada à língua portuguesa, visto que a grande dificuldade do aluno em todas as disciplinas está voltada à deficiência de ler, compreender/interpretar e produzir textos.

Problemas e soluções encontrados no meio ambiente através da música "Xote ecológico"

Educação para sustentabilidade

Os textos informativos, produzidos pelos alunos, são resultados de análise e discussão coletiva na turma de 3ª e 4ª fases do Ensino Fundamental da EJA do SESC Santo Amaro, em Pernambuco, como já foi dito, a partir de observações, fundamentos, análises e argumentos trabalhados e que geraram conhecimentos sobre o enunciado.

Com os aportes dos textos iconográficos (figuras trazidas pelos alunos representando a música "Xote ecológico"), observamos que a leitura não verbal facilitou o desenvolvimento da escrita, que fluiu de forma mais fácil e significativa durante o processo da produção textual.

A palavra gera o texto, o contexto influencia o texto

Os textos a seguir são frutos da construção coletiva em sala de aula, porém, alguns acabaram sendo alterados para melhor entendimento do leitor, em virtude da falta de amadurecimento de alguns alunos.

Não posso respirar (1º verso)

Problema: Poluição atmosférica provocada pelo excesso de gás carbônico, produto da queima dos combustíveis fósseis (carvão e petróleo), da respiração dos seres vivos, das atividades industriais e, principalmente, da decomposição do lixo orgânico, que libera um gás vinte e três vezes mais tóxico do que o gás carbônico. Este gás chama-se "metano" e causa prejuízo à saúde dos seres vivos, como também contribui para o aumento da temperatura do planeta.

Solução: Como solução, sugerimos o uso racional dos carros (carona solidária), consumir apenas o necessário, para que as indústrias diminuam sua escala de produção (consumo consciente), e fazer coleta seletiva, encaminhando o lixo orgânico para compostagem ou produção de biogás.

Não posso mais nadar (2º verso)

Problema: Há cada dia mais lixo nos rios, mares e até nos oceanos, como apresentado em um programa de televisão. Isso também significa poluição das águas potáveis (própria para consumo), disponível apenas no percentual de 3%, porque o restante está sob a forma de gelo, que não temos acesso, e de água salgada, que não serve para beber.

Não podemos mais nadar porque temos que dividir o espaço com garrafas plásticas, latas, substâncias químicas que poluem nossas águas, e com o produto dos esgotos que contaminam e provocam doenças.

Não podemos mais nadar também porque o óleo derramado pelas embarcações nas águas e pelas donas de casa nos ralos das pias vem causando sérios danos à natureza, quando o assunto é poluição das águas.

Nenhum outro país no mundo tem tanta água (12% da água superficial) como o Brasil. Somos uma nação generosamente irrigada, mas que está sendo contaminada pelo chorume dos lixões que se infiltram nos lençóis freáticos, pelos agrotóxicos e esgotos.

Solução: Não devemos jogar óleo usado na pia de nossas casas e nem jogar lixo nos rios e nas praias.

- Devemos fazer a coleta seletiva dos resíduos sólidos e seu encaminhamento para as cooperativas de catadores, o que irá contribuir para a formação de novas frentes de trabalho em economia solidária, gerando emprego e renda.
- Investir na agricultura orgânica (livre de agrotóxicos) e transformar o óleo usado em sabão.

A transformação do óleo usado em sabão é uma prática muito simples, que foi desenvolvida também em sala de aula, com os alunos do SESC, tornando-os agentes multiplicadores, e ajudando a evitar que o óleo contamine esse recurso natural tão importante para vida do nosso planeta.

A terra está morrendo não dá mais pra plantar (3º e 4º versos)

Problema: A terra está morrendo em consequência do desgaste do solo por práticas incorretas como, por exemplo, as queimadas, e também da destruição da vegetação, que expõe o solo à ação das chuvas, provocando a erosão.

Solução: Não devemos desmatar nem tirar a vegetação do solo, porque, como a professora falou, a vegetação é a roupa do solo, e é ela que o protege da erosão provocada pelas chuvas. Também não se deve queimar a vegetação, porque o fogo também queima os nutrientes do solo.

Se plantar não nasce, se nascer não dá (5º e 6º versos)

Problema: Não podemos mais plantar, porque o solo vem passando pelo crescente desgaste causado pelas atividades do homem. O processo de degradação do solo constitui um grave problema em todo o mundo, com consequências ambientais, sociais e econômicas. À medida que a população mundial aumenta, mais recursos são sugados do solo. Sendo assim, devemos protegê-lo, por ser um recurso de grande importância para a vida, de onde retiramos os alimentos.

Solução: Não devemos desmatar, porque isso deixa o solo sem proteção, fazendo-o perder seus nutrientes através do vento e da água das chuvas. Também não devemos jogar lixo no solo, pois o acúmulo de lixo favorece a reprodução de vetores (animais que transmitem doenças), aumentando as estatísticas de doenças e mortes.

Até pinga da boa é difícil de encontrar (7º verso)

Problema: Um solo pobre em nutrientes corresponde a um corpo desnutrido: fica sem imunidade (proteção) e, em consequência, desprotegido das pragas, o que resulta em pouco desenvolvimento da vegetação e altera, assim, a qualidade do produto plantado.

Solução: Manter o solo sempre adubado com o resto das podas de suas plantações, respeitar o ciclo de recuperação do solo, evitando a monocultura e também o excesso de agrotóxicos. Devemos também evitar as queimadas, porque elas destroem os nutrientes do solo.

Através da leitura iconográfica, chamamos a atenção para a crítica que está implícita no 7º verso, que fala a respeito da pinga, também conhecida como cachaça. No verso diz-se que é difícil encontrar boa pinga, porque a sua qualidade irá depender dos teores de nutrientes do solo durante o seu cultivo. Para que se processe a fermentação e a formação das características desejáveis a uma cachaça, faz-se necessário um adequado teor de açúcar e de nutrientes do solo.

Como vimos, através da música, fizemos com que os alunos fossem em busca de conhecimentos, utilizando-se de pesquisas, de trabalhos em grupos, socializando seus conhecimentos ligados a fatos do cotidiano.

Essa experiência proporcionou ao aluno entrar em contato com um grande problema atual, pois o texto musical trata da degradação dos recursos naturais, que vêm sendo explorados de forma inadequada, causando desequilíbrio ecológico. Esses impactos ambientais provocados pelo homem estão levando o planeta a um processo de insustentabilidade, comprometendo a sobrevivência no único planeta que, pelo menos até hoje, sabemos que possui vida.

Juntamente com isso, abordamos também alguns conceitos linguísticos.

Trabalhando com figuras de linguagem: prosopopeia e metonímia (do 8º ao 13º verso)

Segundo Cereja e Magalhães (2005, p. 397), figura de linguagem é uma forma de expressão que consiste no emprego de palavras com sentido figurado, isto é, com sentido diferente daquele em que convencionalmente são empregadas.

No gênero musical trabalhado, aparecem, respectivamente, as figuras de linguagem: prosopopeia (*poluição comeu*), identificada como uma figura de estilo que consiste em atribuir ao objeto ações ou sentimentos próprios dos seres humanos; metonímia (*o verde onde está*), identificada como uma figura de linguagem que consiste em substituir uma palavra por outra, quando existe uma proximidade de sentidos entre essas palavras. No caso, o verde representa a floresta.

Chamamos a atenção dos alunos sobre o que esses vocábulos estão indicando, de forma implícita, ou seja, que a poluição está destruindo as flores, os peixes e o verde das florestas.

Dessa forma, demonstramos como a utilização de figuras de linguagem enriquece um texto literário e como o conhecimento destas facilita a compreensão do sentido conotativo e denotativo, ajudando, assim, na produção de textos mais elaborados.

Lira (2008, pp. 77-78), quando trata de relação entre denotação e conotação, informa-nos:

> A denotação é justamente o resultado da união existente entre o significante e o significado, ou entre o plano da expressão e do conteúdo. Já a conotação resulta do acréscimo de outros significados paralelos ao significado de base da palavra, isto é, um outro plano de conteúdo que pode ser combinado ao plano da expressão. Este outro plano de conteúdo reveste-se de impressões, valores afetivos e sociais, negativos ou positivos, reações psíquicas que um signo evoca. Portanto, o sentido conotativo difere de uma cultura para outra, de uma classe social para outra, de uma época para outra.

Conforme o autor acima afirma, a conotação leva-nos à plurissignificação dos textos; tais sentidos variam a partir de seus contextos de uso e dos conhecimentos prévios daqueles que os interpretam.

A biografia como gênero textual

Nem Chico Mendes sobreviveu

Dando continuidade ao nosso trabalho, aproveitamos a mesma atividade para elucidar a importância do ambientalista e seringueiro Chico Mendes (citado na canção). Solicitamos que fizessem uma pesquisa de sua biografia, que foi utilizada para trabalhar os conceitos de *ambientalista e ecologista* e conhecer um pouco sobre o tão comentado *Código Florestal*, e, também, para incentivar a leitura de outros textos ligados a essa temática.

Os *ambientalistas* são pessoas que se preocupam em cuidar do meio ambiente, mas que não precisam ter graduação em curso superior. Já o *ecologista* é uma especialidade do curso de graduação em Biologia, que, além de cuidar do meio ambiente, acompanha também o funcionamento dinâmico dos ecossistemas.

Durante as leituras dos textos, surgiram palavras desconhecidas, as quais foram grifadas e pesquisadas, observando-se algumas semelhanças quanto à sua etimologia, visto que as mesmas possuem prefixos e sufixos em comum.

Os significados das palavras favoreceram muito a compreensão dos textos, tendo em vista que muitas delas eram desconhecidas na linguagem cotidiana, por serem termos técnicos e específicos da área do conhecimento biológico.

Vejamos alguns vocábulos pesquisados:

Abiótico: a = prefixo de negatividade – não; bio = vida, o que caracteriza ausência de vida. Exemplo de seres abióticos: água, solo, ar. Eles não são seres vivos, mas proporcionam a vida.

Biodiversidade: bio = vida; diversidade = variedade. Significa a grande variedade de vidas existente no planeta.

Biologia: bio = vida; logia = estudo. Significa estudo dos seres vivos.

Biosfera: bio = vida; significa a vida existente na esfera terrestre.

Biótico: bio = vida; ao contrário de abiótico, caracteriza a vida. Exemplo de seres bióticos (que possuem vida): animais, vegetais, protistas, moneras e fungos.

Ecologia: "a expressão ecologia é vocábulo composto, nascido da soma dos termos gregos *oikos*, que quer dizer casa, e *logos*, que significa estudo. Neste contexto, pode ser dito que consiste na ciência que estuda a morada dos seres vivos ou, em sua expressão mais simples, ecologia é o estudo da casa , isto é, o ramo do conhecimento que se dedica à pesquisa e à investigação do mundo em que vivemos [...] a ciência do hábitat" (Catalan, 2008, p. 380).

Economia: eco = *oikos* = casa; nomia = administração. O que significa dizer que a economia é a ciência que administra a casa.

Ecossistemas: eco = *oikos* = casa. É um conjunto de seres vivos que interagem entre si e com o meio em que vivem.

Hábitat: é o local onde os seres vivos habitam de forma organizada.

Meio ambiente: é o conjunto de componentes físicos, químicos, biológicos e sociais capazes de causar efeitos diretos ou indiretos, em um prazo curto ou longo, sobre os seres vivos e as atividades humanas (conceito definido na Conferência das Nações Unidas sobre o Meio Ambiente, Estocolmo, 1972).

Sustentabilidade: o conceito de sustentabilidade foi apresentado pela primeira vez no ano de 1987, na Comissão Mundial sobre Meio Ambiente, após a apresentação de um documento à ONU sobre os problemas ambientais.

Resultados

Foram muitos os resultados positivos desse trabalho, em que se utilizou a língua portuguesa nas aulas de ciências e vice-versa, pois os conteúdos referentes ao estudo desta última disciplina, junto às técnicas linguísticas, facilitaram a compreensão dos textos, visto que, na medida em que o vocabulário do educando era enriquecido, aumentavam suas possibilidades de produzir, com mais facilidade, variados gêneros literários.

Ao aprenderem o significado das palavras durante o processo de interação verbal subordinado ao contexto, eles captaram melhor o seu sentido, facilitando, assim, a sua atuação no processo comunicativo. Como diz Bakhtin: "a língua é um fato social, e sua existência se sujeita à necessidade de comunicação".

Observamos que, quando o aluno é estimulado a ler, novos vocábulos se inserem no seu linguajar e outras ideias se formam, dando-lhe poder de argumentação e posicionamento no seu discurso. Esse aluno fica, então, mais autônomo e passa a pensar sobre o seu próprio pensamento, num verdadeiro ato metacognitivo, o que o leva ao "autodidatismo" (cf. Costa, 2004).

Dessa forma, ainda concordando com o autor citado (op. cit., p. 55), o educando passa a ser "um caçador de conhecimento... pede informação, frequenta biblioteca, usa dicionário, navega na internet e faz uso de todos os recursos disponíveis para procurar conhecimento, para acessar o conhecimento, essa é a virtude do autodidatismo".

Desse modo, para aprender a aprender, o aluno tem que primeiro aprender a pensar, para, assim, adquirir autonomia e ver que é capaz de ir em busca de seu conhecimento, tendo o professor apenas como um orientador.

Segundo Demo (2002, pp. 18-19),

> saber pensar não combina com cidadania tutelada, aquela que nos quer massa de manobra, submissos e ignorantes. Nem combina bem com cidadania assistida, porque aceita apenas a assistência necessária e tem como ideal viver sem assistência. Combina com cidadania emancipada, aquela que sabe o que quer, por que quer e como quer.

Ser autônomo é ter consciência do rumo que se quer seguir e direcionar seus conhecimentos para os caminhos que levarão à realização de objetivos, saindo da posição de apatia.

Concluindo, observamos que a aquisição de novos vocábulos, através da leitura proporcionada pelos variados gêneros textuais, trouxe mais autonomia ao aluno, facilitando suas produções orais e textuais.

A união da língua portuguesa com os conteúdos de ciências deu embasamento para que o educando, ao perceber-se responsável pela sua cidadania, pudesse atuar e intervir como formador de opiniões na sua realidade social.

Ao descobrir o gosto pela leitura, enriquecida com a descoberta de novos vocabulários, o aluno facilitou a aquisição de autoconfiança em relação ao seu desenvolvimento oral e textual. Daí a importância da palavra para gerar o texto e do texto para atuar no contexto.

Referências

CATALAN, Marcos. *Proteção constitucional do meio ambiente e seus mecanismos de tutela*. São Paulo: Método, 2008.

CEREJA, Willian Roberto; MAGALHÃES, Tereza Cochar. *Gramática reflexiva*: texto, semântica e interação. São Paulo: Atual, 2005.

COSTA, Antônio Carlos Gomes da. *Escola sem sala de aula*. Campinas, SP: Papirus, 2004. (Coleção Papirus Debate.)

DEMO, Pedro. *Saber pensar*. São Paulo: Cortez, 2002.

FERREIRA, Aurélio Buarque de Holanda. *Miniaurélio*: o minidicionário da língua portuguesa. Curitiba: Positivo, 2004.

GADOTTI, Moacir. *A Carta da Terra na educação*. São Paulo, Ed. Paulo Freire, 2002.

LIRA, Bruno Carneiro. *Leitura e recontextualização*: o discurso multicultural. São Paulo: Paulinas, 2010. (Coleção Comunicar.)

_____. *Linguagem e a palavra*. São Paulo: Paulinas, 2008. (Coleção Comunicar.)

LUCK, Heloísa. *Pedagogia interdisciplinar*: fundamentos teóricos e metodológicos. Petrópolis: Vozes, 1994.

MALLANSK, Elizabete Padilha; COSTA, Teresinha da Conceição. *Trabalhando com Gênero Textual "Música"*: sequência didática na exploração do Tema (Costa Hubes/HTTP://).

MATTOS, Cornélio Junot; SILVA, Shalimar Michele Gonçalves da (org.). *Linguagem e educação*: diálogos de fronteiras. Recife: Fundação Antônio dos Santos Abranches, 2009.

Mc CRONE, Jonh. *Como o cérebro funciona*: uma análise da mente e da consciência. São Paulo: Publifolha, 2002. (Série mais Ciência.)

MORIN, Edgar. *Os sete saberes necessários à educação do futuro*. São Paulo: Cortez, 2000.

_____. *A cabeça benfeita*: repensar a reforma, repensar o pensamento. Rio de Janeiro

PCNS: INTRODUÇÃO AOS PARÂMETROS CURRICULARES NACIONAIS. Secretaria de Educação Fundamental, Brasília, MEC/SEF, 1997.

RODRIGUES, Roseli Marinelli. A importância do implícito na elaboração dos significados. Disponível em: <www.diaadiaeducacao.pr.br>. Acesso em: 19 maio 2012.

SARMENTO, Leila Lauar. *Português, leitura, produção, gramática*. Ed. Moderna (<www.diadiaeducação.pr.gov.br>). Acesso em: 19 maio 2012.

TUZZIN; HEMPE. *Revista Eletrônica, Educação e Tecnologia Ambiental* REGET/UFSM, n. 5, 2012.

Capítulo 6

A intertextualidade e a construção da leitura e escrita na escola

INALDO FIRMINO SOARES[1]

Algumas considerações iniciais

O trabalho com a linguagem em sala de aula é marcado cada vez mais pela presença do texto, como objeto de leituras e como trabalho de produção. O específico da aula de português é o trabalho com textos. É o que sugerem os Parâmetros Curriculares Nacionais (PCN), é o que se encontra nos livros didáticos de língua portuguesa da Educação Básica, é o que se defende nos cursos de formação inicial e continuada de professores desse componente curricular.

---

[1] Doutor em Linguística pela UFPB/Proling, professor adjunto do Departamento de Letras e Ciências Humanas da UFRPE e membro do Conselho Deliberativo do Centro de Estudos em Educação e Linguagem (CEEL) da UFPE. Desenvolve pesquisas em torno da interface leitura-escrita, sobretudo em questões relacionadas ao processo de ensino e aprendizagem.

A questão é conciliar, em face da natureza do texto, a identidade contemporânea do trabalho de ensino com a presença do texto como objeto desse ensino. Isso nos remete a Geraldi (2003), que aponta para a imagem da escola como fetichizadora da produção científica: a escola tende a tomar algo pronto e passá-lo para a sala de aula como tal. Falta, muitas vezes, na prática do professor de português, um trabalho de transposição didática, no sentido que Chevallard (1991, p. 39) dá a essa expressão:

> Um conteúdo de saber que tenha sido definido como saber a ensinar, sofre, a partir de então, um conjunto de transformações adaptativas que irão torná-lo apto a ocupar um lugar entre os objetos de ensino. O "trabalho" que faz de um objeto de saber a ensinar, um objeto de ensino, é chamado de transposição didática.

Sem esse trabalho de transposição didática, a escola deixa de ser o local real de produção de conhecimento e assume o papel de mera reprodutora e reconhecedora daquilo que é proposto nas pesquisas, nos PCNs, nos cursos de formação e nos livros didáticos.

É na tentativa de minimizar a distância entre as discussões teóricas sobre intertextualidade e a prática de sala de aula do professor de português que se situa este capítulo. Para tanto, depois de uma breve explanação do conceito de intertextualidade e das várias leituras que dela fazem alguns especialistas, procedemos à leitura de alguns textos, focando especificamente as concepções aludidas pelos teóricos.

Enquanto professores de português, precisamos ter sempre em mente que nossas aulas devem visar "[a]o desenvolvimento de habilidades de uso da leitura e da escrita nas práticas sociais" (SOARES, 2012, p. 261), com o objetivo de aprimorar "a competência e o melhoramento do desempenho linguístico do aluno, com vistas a sua integração e mobilidades sociais, além de colocar o ensino numa perspectiva produtiva" (ibid., p. 262).

Cabe, portanto, ao professor de português, na tentativa de desenvolver em seus alunos a competência leitora e de produtores de textos críticos, trabalhar com a intertextualidade em sala de aula, evitando com isso que eles assumam o discurso alheio de forma automatizada, como diz Azeredo (2007, p. 129), ao alertar que,

> se uma pessoa assume acriticamente o discurso alheio – caso da polifonia automatizada –, ela pode tornar-se apenas instrumento de uma ideologia que "passa além" através da sua boca. O exemplo mais típico desse fenômeno são os jargões religiosos e partidários que uma pessoa repete sob a ilusão de que está dizendo o que pensa. A forma "ingênua" da citação é o provérbio, que o locutor precavido e crítico reproduz mediante as fórmulas "como diz..", "segundo a sabedoria popular...", "nas palavras de..." etc.

Essas reflexões sobre o trabalho do professor de português evidenciam a necessidade de se compreender os processos de leitura e escrita como constructos históricos e sociais, partindo do princípio de que leitura "[...] é interação verbal entre indivíduos socialmente determinados: o leitor, seu universo, seu lugar na estrutura social, suas relações com o mundo e com os outros; o autor, seu universo, seu lugar na estrutura social, suas relações com o mundo e com os outros [...]" (SOARES, 1999, p. 18).

Pensar a leitura na perspectiva da interação social entre leitor e autor é entender o ato de ler como ação criadora, em que o leitor, ao "desler", ao "desdizer", transforma o "dizer-antigo" no "dizer-agora". Considerando a concepção de leitura como diálogo de discordância, divergência, prática determinada pela situação, pelo contexto sociocultural mais amplo, pelas experiências individuais e coletivas dos sujeitos, que possibilita o conflito das interpretações, percebe-se que sua lógica reproduz as lógicas em ação no mundo.

Portanto, a relação leitor/leitura é amalgamada, interdependente, mediada pela produção textual, que se configura como

> [...] uma atividade verbal, a serviço de fins sociais e, portanto, inserida em contextos mais complexos de atividades; [...] uma atividade intencional que o falante, de conformidade com as condições sob as quais o texto é produzido, empreende, tentando dar a entender seus propósitos ao destinatário através da manifestação verbal [...] (KOCH, 1998, p. 22).

É assim que surge o autor/coautor, pois todo texto é um tecido incompleto, de existência silenciosa, sempre em construção e sempre dependendo do leitor que o atualiza, constantemente, pelo ato da leitura. Portanto, a autoria/coautoria se dá no momento em que, através da leitura, ocorre a confluência de vozes entre o "eu" e o "tu"; quando as palavras alheias, uma vez dialogicamente (re)elaboradas, tornam-se palavras-próprias, uma vez que já passaram por um processo criativo (BAKHTIN, 2003). Dessa forma, o leitor será sempre autor, quando, não obstante a ordem instaurada pelo texto, ultrapassa a condição de mero receptor, de repetidor das palavras de outrem; quando exerce a discordância e expande sentidos, não se instalando na fixidez do já dito, para tornar-se construtor/produtor, podendo inventar, deslocar, desconstruir o sentido do texto a partir de sua condição histórico-cultural (CHARTIER, 1998).

Polifonia e heterogeneidade

Koch (1984, p. 142) define polifonia, que também podemos chamar de interdiscursividade ou intertextualidade, como a "incorporação que o locutor faz ao seu discurso de asserções atribuídas a outros enunciadores ou personagens discursivos". Falar de polifonia ou intertextualidade exige, *a priori*, uma visita obrigatória a Bakhtin, cuja obra tem por princípio unificador a concepção dialógica da linguagem:

> Aquele que usa a língua não é o primeiro falante que rompeu pela primeira vez o eterno silêncio de um mundo mudo. Ele pode contar não apenas com o sistema da língua que utiliza, mas também com a existência dos enunciados anteriores [...] cada enunciado é um elo na cadeia complexa e organizada de outros enunciados (BAKHTIN, 1981, p. 69).

Essa concepção dialógica não se circunscreve ao quadro restrito do diálogo face a face. Para Bakhtin (1981), existe uma dialogização interna da palavra, que é perpassada sempre pela palavra do outro, é sempre e inevitavelmente a palavra do outro. Isso nos permite dizer que, para constituir um discurso, o enunciador leva em conta o discurso de outrem, que está sempre presente no seu.

Baseada nos princípios bakhtinianos, a análise do discurso, de linha francesa, propõe o princípio da heterogeneidade: o discurso é tecido a partir do discurso do outro, que é o "exterior constitutivo", o "já dito", sobre o qual qualquer discurso se constrói. O conceito de heterogeneidade, portanto, é uma maneira de precisar teoricamente o conceito bakhtiniano de dialogismo.

Há dois tipos de heterogeneidade: a constitutiva e a mostrada. Nesta, percebe-se a inscrição do outro na cadeia discursiva, alterando sua aparente unicidade; naquela, não se percebe a presença do outro no fio discursivo. A heterogeneidade mostrada pode ser marcada, quando se circunscreve explicitamente, por meio de marcas linguísticas, a presença do outro (discurso direto, discurso indireto, negação, aspas, metadiscurso do enunciador), e não marcada, quando o outro está inscrito no discurso de forma implícita (por exemplo, discurso indireto, imitação) (AUTHIER-REVUZ, 1990, pp. 25-36).

Para essa autora, a heterogeneidade constitutiva é apreendida pela memória discursiva de uma dada formação social. É a apreensão dos diferentes discursos que circulam em uma dada formação social, dividida em classes, subclasses, grupos de interesses divergentes, pontos de vista múltiplos sobre uma dada realidade, que permite ver as relações polêmicas entre elas.

Intertextualidade

Veja o leitor que a própria construção do nosso percurso teórico-metodológico neste capítulo só se fez possível pelo diálogo que mantivemos com estudiosos da intertextualidade, dentre os quais recortamos apenas alguns, por julgarmos mais claras e objetivas as suas definições: Kristeva (1979), Barthes (apud CHARAUDEAU; MAINGUENEAU, 2004), Maingueneau (1997), Fávero e Koch (2002), Sant'Anna (1985) e Genette (1982).

Baseada nos conceitos bakhtinianos de dialogismo e polifonia, a crítica literária francesa Julia Kristeva introduz, em 1969, a noção de *intertextualidade* para o estudo da literatura, chamando a atenção para o fato de que a "produtividade" da escritura literária redistribui, dissemina textos anteriores em um texto, levando-nos a entender que todo texto se constrói como mosaico de citações, que todo texto é absorção e transformação de um outro texto. Isso nos autoriza a pensar todo texto como intertexto.

Essa concepção foi ampliada por Roland Barthes, para quem

> todo texto é um intertexto; outros textos estão presentes neles, em níveis variáveis, sob formas mais ou menos reconhecíveis [...]. O intertexto é um campo geral de fórmulas anônimas, cuja origem raramente é recuperável, de citações inconscientes ou automáticas, feitas sem aspas (BARTHES apud CHARAUDEAU e MANGUENEAU, 2004, pp. 288-289).

A concepção de Barthes nos permite concluir que ele entende a intertextualidade, preponderantemente, como relações implícitas, não marcadas no texto.

Extrapolando os limites da literatura, o conceito de intertextualidade se estendeu à análise linguística dos textos em geral, partindo da ideia de que um texto não existe nem pode ser avaliado de maneira adequada isoladamente; ao contrário, o pleno conhecimento de suas origens, de seus objetivos e de sua forma pode depender de maneiras importantes do conhecimento de outros textos.

Alguns estudiosos, entretanto, não aceitam que a intertextualidade seja compreendida como um fenômeno imanente, implícito no texto. Eles defendem que o intertexto deve referir-se a traços explícitos da presença de outra obra, e não a um amplo processo genético. Para Jenny et al. (1979, p. 14), por exemplo, "a intertextualidade designa não uma soma confusa e misteriosa de influências, mas o trabalho de transformação e assimilação de vários textos, operado por um texto centralizador, que detém o comando do sentido". Para ele, portanto, a intertextualidade está mais relacionada com as relações explícitas entre os textos, formando uma rede intertextual em contínua expansão.

Já Maingueneau (1997) distingue duas noções básicas na relação do discurso com seu outro: a de intertexto e a de intertextualidade. Para ele, o intertexto compreende o conjunto de fragmentos que o texto cita efetivamente, enquanto que a *intertextualidade* diz respeito aos tipos de relações intertextuais definidas como legítimas que uma formação discursiva mantém com outras. Segundo o autor, a intertextualidade pode ser interna ou externa. Na intertextualidade interna, o discurso se define por sua relação com discursos do mesmo campo, podendo divergir ou apresentar enunciados semanticamente vizinhos aos que autoriza sua formação discursiva. Na intertextualidade externa, por sua vez, o discurso define certa relação com outros campos, conforme os enunciados destes sejam citáveis ou não.

No nível da intertextualidade, a toda formação discursiva se vê associar uma memória discursiva. É a memória discursiva que torna possível a toda formação discursiva fazer circular formulações anteriores, já enunciadas.

Para Fávero e Koch (2002), a intertextualidade compreende as diversas maneiras pelas quais a produção/recepção de um dado texto depende do conhecimento de outros textos por parte dos interlocutores, ou seja, dos diversos tipos de relação que um texto mantém com outros textos.

Sant'Anna (1985) refere-se à chamada *intertextualidade de semelhanças*, que ocorre quando um texto faz referência a outros textos como exemplos. É assim que os textos reafirmam os intertextos retomados, reafirmam os seus conteúdos proposicionais e ainda orientam o leitor para concluir de forma semelhante àquela do texto-fonte. O texto, dessa forma, incorpora o intertexto para seguir-lhe a orientação argumentativa. A *intertextualidade das diferenças* de Sant'Anna consiste em representar o que foi dito para propor uma leitura diferente e/ou contrária.

Rey-Debove (apud AMARAL, 2004) refere-se a três modos básicos de intertextualidade, os quais podem estar relacionados aos diferentes modos de discurso:

- A *intertextualidade direta*: que é a citação nominal de um texto anterior e está relacionada com o *como se diz*, isto é, o discurso direto, *ipsis litteris*.

- A *intertextualidade indireta*: que é aquela em que o leitor deve valer-se de um conhecimento que abranja outros textos produzidos e considerados de caráter universal. Está no âmbito do *como o outro diz*, do encadeamento de lugares-comuns, ou mesmo dos clichês.
- O *interdiscurso*: que é uma remissão a situações fragmentárias, em que há necessidade de recorrência ao conhecimento enciclopédico. Entra no campo do *como eu digo*, utilizando-se de uma quebra do código das unidades linguísticas e da ideologia.

Por considerá-lo mais includente do que o termo já usual *intertextualidade*, Gérard Genette (1982) propôs a expressão *transtextualidade*, a qual, segundo ele, diz mais respeito aos níveis de relações internas de um texto consigo próprio e com outros textos. A esse termo, acrescentou cinco subtipos:

- *intertextualidade*: citação, plágio, alusão (a *intratextualidade* pode ser adicionada aqui: a alusão de um texto a si próprio);
- *paratextualidade*: a relação entre um texto e seu *paratexto* (aquele que cerca o corpo principal do texto), tais como títulos, chamadas, prefácios, epígrafes, dedicatórias, notas de rodapé, ilustrações etc.;
- *arquitextualidade*: designação de um texto como parte de um gênero ou gêneros;

- *metatextualidade*: comentário crítico explícito ou implícito de um texto a respeito de outro texto (a *metatextualidade* pode ser difícil de distinguir da próxima categoria);
- *hypotextualidade* (o termo de Genette era *hypertextualidade*): a relação entre o texto e um *hypotexto* precedente – um texto ou gênero no qual se baseia, mas que o transforma, modifica, elabora ou estende (incluindo paródia e sequência).

Apresentados alguns conceitos de intertextualidade, daremos início agora à análise dos textos selecionados, não sem antes passarmos os olhos pelo poema "Lavoisier", do poeta português Carlos de Oliveira (apud TERRA e NICOLA, 2001, p. 61), cujo título já evidencia um diálogo direto com o princípio enunciado pelo químico francês Lavoisier: "na natureza nada se cria, nada se perde, tudo se transforma".

Lavoisier

Na poesia,
natureza variável
das palavras,
nada se perde
ou cria
tudo se transforma
cada poema, no seu perfil
incerto
e caligráfico,
já sonha
outra forma.

A leitura dos textos

O primeiro texto analisado é a canção popular "Atire a primeira pedra", composta por Mário Lago e Ataulfo Alves, na década de 1940; o segundo, "Os argonautas", composição criada por Caetano Veloso em 1969; em seguida, são analisadas duas canções de Chico Buarque de Holanda – "Até o fim" e "Bom conselho" –, compostas pelo autor em 1978 e 1972, respectivamente, e, por fim, trazemos a canção "Se meu mundo cair", em que José Miguel Wisnik dialoga com um dos maiores clássicos do cancioneiro popular brasileiro, "Meu mundo caiu", imortalizado na voz da própria autora, a cantora e compositora Maysa. Na análise do texto de Wisnik, fazemos uma rápida menção a outra canção popular intitulada "Volta por cima", composta por Paulo Vanzolini nos fins dos anos 1950.

Para finalizar a análise dos textos, trazemos dois fragmentos da seção "Cartas do Leitor", de duas revistas de circulação nacional, *IstoÉ* e *Veja*, na tentativa de mostrar que o recurso da textualidade não constitui uma particularidade daqueles que usam a língua como instrumento do seu exercício profissional e/ou artístico. No discurso de cada indivíduo coexistem inevitavelmente outros discursos, pois "essa coexistência de discursos, ou polifonia", que estamos chamando de intertextualidade,

> é propriedade de qualquer texto, mas em certos discursos, como o científico e o literário, ela atua mais intensamente. No científico, em que outros textos são citados em nome da dinâmica do

conhecimento. No literário, como matéria de criação textual, de integração de informações na memória textual do leitor (AZEREDO, 2007, p. 130).

Atire a primeira pedra [...] aquele que não sofreu por amor

Num famoso samba-canção composto por Mário Lago e Ataulfo Alves nos idos de 1940, em que se ouve uma voz masculina lamentando-se chorosamente de dores de amor por ter sido abandonado pela mulher amada, tem-se o verso "atire a primeira pedra ai, ai, ai, aquele que não sofreu por amor". Muitos de nós, que ouvimos a canção da boca de nossas avós, de nossas mães, nem de longe nos apercebemos de que o verso recortado retoma uma fala do episódio "A mulher adúltera", capítulo 8 do Evangelho segundo São João, quarto livro do Novo Testamento. É no Livro Sagrado que vamos encontrar a passagem em que Jesus proclama, diante de uma multidão agressiva, prestes a apedrejar a "adúltera", a célebre frase "Aquele que dentre vós está sem pecado seja o primeiro que atire pedra contra ela". Para legitimar a ideia de que todos somos passíveis de sofrer e chorar por amor, Mário Lago apropria-se da fala de Jesus em defesa da "pecadora".

Além desse diálogo com a Bíblia, percebe-se que os compositores dialogam com a letra do samba "Sei que é covardia", composto por Ataulfo Alves e Claudionor Cruz para o Carnaval de 1939. Tem-se aqui, mais uma vez, uma voz masculina a lamentar-se da rejeição da mulher amada: "Sei que é covardia um homem chorar por uma mulher / Sei que é covardia um homem chorar por quem não lhe quer / Não me sai do pensamento / Não esqueço um só momento essa mulher / que eu quero tanto bem e ela não me quer".

Em ambas as composições, o "eu lírico" assume explicitamente a sua covardia, a sua fragilidade perante as dores de amor. A recorrência a esse tema, vale ressaltar, é uma constante no cancioneiro popular brasileiro de todos os tempos.

Navegar é preciso, viver não é preciso

No fado *Os argonautas*, que segue uma construção antitética entre segurança, tranquilidade e o espírito de aventura, de risco, representados respectivamente pelo porto e pelo barco, Caetano Veloso repete constantemente o refrão "Navegar é preciso, viver não é preciso". Enganam-se os mais desavisados ao pensarem que tal refrão é uma criação inédita do compositor baiano. Trata-se, na verdade, de uma frase secular, usada pelos antigos navegadores portugueses da época das grandes navegações (séc. XVI), funcionando como dístico da Escola de Sagres, instituição portuguesa responsável pelos grandes feitos marítimos.

E mais: Fernando Pessoa, em alguns poemas do livro *Mensagem* (início do séc. XX), seguindo uma temática saudosista, na tentativa de recuperar um Portugal que se perdera na época das grandes conquistas marítimas, com a morte de Dom Sebastião, na Batalha de Alcácer Quibir, retoma a frase secular.

Hoje, em dias de internet, a frase adquire um novo sentido, parecendo mais atualizada do que nunca. "Os olhos que hoje vagueiam pela tela iluminada do monitor já não precisam nem de velas, nem de ventos, nem de fados: da vida só querem o cantinho e um quarto, de onde fazem o mundo flutuar em mares de virtualidade nunca dantes navegados". Essa frase final, suspensa por aspas, retirada de uma questão de vestibular da Fuvest-SP, traz em seu bojo os elementos de sentido da frase original: "... não precisam nem de velas, nem de ventos, nem de fados..." / "em mares de [...] nunca dantes navegados", remetendo metonimicamente às grandes navegações (velas, ventos) e a aspectos da cultura portuguesa (fados e a menção a *Os Lusíadas*, de Camões). Notemos, portanto, que a intertextualidade da frase se dá para trás e para a frente, unindo as duas pontas do tempo: o passado e o futuro.

Quando nasci veio um anjo safado

"Quando nasci veio um anjo safado/ O chato do querubim/ E decretou que eu tava predestinado/ A ser errado assim / Já de saída a minha estrada entortou / Mas vou até o fim." Quem de nós que viveu, mesmo que muito jovem, as décadas de 1970-1980, não se lembra desses primeiros versos da composição musical "Até o fim", de Chico Buarque de Holanda? O que foge à percepção de muitos é que esse trecho é uma retomada dos versos iniciais do nada menos conhecido "Poema de sete faces", do poeta modernista mineiro Carlos Drummond de Andrade, cuja primeira estrofe é "Quando nasci, um anjo torto / desses que vivem na sombra / disse: Vai, Carlos, ser *gauche* na vida".

Na língua de Balzac, *gauche* significa esquerdo, errado, torto, canhoto, fora do prumo. Apropriando-se do sentido da expressão francesa, o leitor automaticamente percebe a retomada de sentido feita por Chico Buarque. Veja-se que nos dois textos há uma semelhança temática: o eu lírico se apresenta como um ser que não se adapta ao sistema, que por vaticínio do destino é marcado para ser errado na vida, ser *gauche* na vida. Em ambos os textos, o destino, a sorte, vem representado pela figura de um anjo, mas um anjo de certa forma marginal, alternativo: "... anjo torto desses que vivem na sombra..." (Drummond) e "um anjo safado" (Chico).

Está provado, quem espera nunca alcança

Na letra da composição *Bom conselho* (1972), Chico Buarque faz uso da intertextualidade não para ratificar, mesmo que ressignificando, as ideias do texto "original", mas sim para desconstruí-las: "Ouça um bom conselho / Que eu lhe dou de graça / Inútil dormir que a dor não passa / Espere sentado / Ou você se cansa / Está provado, quem espera nunca alcança". Ressalte-se aqui que o autor fala a linguagem do outro, porém reveste essa linguagem de orientação oposta à desse outro. Segundo Bakhtin (1981, p. 168), "a segunda voz, uma vez instalada no discurso do outro, entra em hostilidade com o seu agente primitivo e o obriga a servir a fins diametralmente opostos. O discurso se converte em palco de luta entre duas vozes".

Na letra da canção, há um intenso trabalho de intertextualidade, uma vez que o autor a compõe tão somente utilizando provérbios, um tipo de sabedoria popular própria da oralidade, cuja autoria se perde no tempo e no número de pessoas que alguma vez os enunciaram. E é exatamente isso que confere autoridade aos provérbios. Quantas vezes não nos pegamos, diante das mais variadas situações, usando expressões como "Quem espera sempre alcança", "Devagar é que se vai longe", "Quem corre cansa", "Pense antes de agir", "Andar com fé eu vou que a fé não costuma falhar"? Ao usarmos tais expressões, estamos inconscientemente concordando com o sentido que elas carregam e juntando nossa voz às várias outras que as usaram anteriormente.

Utilizamos provérbios em nosso discurso como recursos argumentativos, já que, por terem o aval da tradição oral, eles expressam um saber que não carece de comprovação. Muitas vezes, de tão conhecidos, os provérbios nem precisam ser ditos por completo, pois "para bom entendedor...".

Também por serem tão conhecidos e ditos, os provérbios correm o risco de tornarem-se chavões, esvaziando-se de sua força expressiva original. Talvez por isso Chico Buarque tenha optado por revitalizar alguns deles, subvertendo-os, virando-os do avesso, com o intuito de nos levar a refletir sobre a legitimidade do saber coletivo que lhes é imanente: haveria nos provérbios verdades realmente intocáveis ou seriam apenas jogos de palavras a ludibriar e traduzir uma visão de mundo contrária à liberdade de pensamento? Ou, quem sabe, Chico Buarque não estaria ratificando, seguindo à risca um outro provérbio que diz: "Se conselho fosse bom, ninguém dava, vendia".

Se meu mundo cair, eu que aprenda a levitar

José Miguel Wisnik, músico, poeta, compositor de MPB, professor de Literatura da Universidade de São Paulo, dialoga com a cantora e compositora Maysa, grande ícone da chamada "música de fossa", "música de dor de cotovelo" dos anos 1950-1960, no Brasil, através da releitura da composição "Meu mundo caiu", lançada em disco, na voz da própria compositora, em 1958.

Algumas diferenças em relação à composição de Maysa se fazem marcantes na recriação de Wisnik, "Se meu mundo cair" (1993), apontando para um aspecto já assinalado em outra passagem deste capítulo, quando chamamos a atenção para o fato de que a intertextualidade nem sempre aparece como reforçador/ratificador da voz do texto original, caracterizando a paráfrase, que se constitui em dizer de forma diferente uma mesma ideia, um mesmo conteúdo. Muitas vezes a intertextualidade vai de encontro à voz com que dialoga no texto original, remetendo a uma nova ideia, a um novo conteúdo, a uma posição por vezes diametralmente oposta àquela defendida no texto original, caracterizando a paródia.

É nessa direção que caminha Wisnik ao dizer "Se meu mundo cair, eu que aprenda a levitar", em que o emprego do futuro do subjuntivo, encapsulado numa oração que tem valor semântico de suposição/hipótese, aponta para algo que poderá acontecer e que, caso aconteça, ao contrário do que diz Maysa, provocará no eu lírico o aprendizado da superação: "eu que aprenda a levitar".

Vemos, nessa recriação de Wisnik, um novo sentido para os sofrimentos amorosos provocados pela perda, marcado essencialmente pela reconstrução dos clássicos versos de Maysa. Enquanto a compositora, em consonância com o sentimento romântico próprio dos anos 1950-1960, apresenta uma situação emocional efetivamente definida – "Meu mundo caiu, eu que aprenda a levantar" –, Wisnik trabalha com a suposição da dor e com a sua consequente superação.

Para proceder a essa nova construção, além da opção por uma oração que tem a carga semântica de suposição/hipótese, como já apontado anteriormente, vemos como fundamental o jogo de substituição que o autor faz entre os verbos levantar e levitar. Pela simples troca da vogal nasal [ã] pela vogal oral [i], ele nos apresenta um novo item lexical: levitar, o grande responsável por todo o sentido que reveste a sua paródia do texto de Maysa.

É o próprio Wisnik (2010), na palestra "Eu que aprenda a levitar", proferida por ele em 21 de outubro de 2010, no *Café Filosófico*, programa da TV Cultura/SP, quem estabelece diferenças entre esses dois verbos, afirmando que enquanto "Levantar é encontrar em si uma energia física para enfrentar a dor da perda", "Levitar é encontrar um lugar de suspensão em que a dor da perda possa ser vivida ou transcendida". Para Wisnik (2010), "Cair é efeito da gravidade, daquilo que é pesado. E se, em resposta a um corpo que cai, tentamos voar – levitar? Em outras palavras, aproximar-se das possibilidades indicadas pela arte, que tantas vezes contrapõe uma certa leveza a tudo aquilo que é pesado e superficial".

Motivados por essa distinção feita por Wisnik, reportamos o leitor ao diálogo, desta feita parafrástico, que o autor faz com outro compositor de MPB, Paulo Vanzolini, em sua tão cantada e decantada "Volta por cima" (1959): "[...] Um homem de moral / Não fica no chão / Nem quer que mulher / Lhe venha dar a mão / Reconhece a queda / E não desanima / Levanta, sacode a poeira / E dá a volta por cima".

Desesperada defesa do real

> O que tenho a dizer sobre a reportagem "Desesperada defesa do real" (*IstoÉ*, n. 1468) é que estamos necessitando de um herói bandido feito Robin Hood, pois o rei passará a cobrar mais impostos (Reinaldo Vassoler, São José do Rio Preto, SP, Revista *IstoÉ*, n. 1470).

Para manifestar sua opinião acerca da reportagem veiculada em edição anterior da revista *IstoÉ*, o leitor Reinaldo Vassoler recorre explicitamente à intertextualidade, afirmando "que estamos necessitando de um herói bandido feito Robin Hood, pois o rei passará a cobrar mais impostos". É de domínio público a história da personagem da literatura universal Robin Hood, um homem que combatia a injustiça roubando dos ricos para dar aos pobres. De tanto roubar dos ricos, Robin Hood acaba sendo perseguido pelos guardas do rei que, por ordem do monarca, buscam capturá--lo e matá-lo. Depois de muitas tentativas de captura, Robin Hood finalmente é preso, ao roubar dinheiro de um monge, mas os amigos conseguem salvá-lo e, no final da história, ele se casa com a mulher que amava.

Meu nome é gula

> Empenhadíssima na remoção dos urubus que sobrevoam os aeroportos brasileiros, a cantora baiana Gal Costa, de 52 anos, anda preocupada com outro item de segurança de voo: o excesso de peso. Com silhueta que desmente a sílfide do passado, ela ensaia um regime alimentar a base de grelhados e saladas. "Quero perder oito quilos", anuncia Gal. Com a graça do Nosso Senhor do Bonfim, a cantora conseguirá manter-se a uma distância razoavelmente prudente, *baby*, das carolinas, das margarinas... (*Veja*, n. 1520).

Já no título da carta, "Meu nome é gula", o autor recorre à intertextualidade, parodiando o título da música "Meu nome é Gal", uma das canções mais importantes da trajetória musical de Gal Costa, musa maior do Tropicalismo – movimento artístico-musical iniciado nos fins dos anos 1960, no Brasil.

Partindo de um fato já noticiado pela imprensa – a então preocupação de Gal Costa com o perigo provocado pelos "urubus que sobrevoavam os aeroportos brasileiros" –, o autor da carta enseja sua crítica ao aumento de peso da cantora, em uma associação jocosa com outro item de segurança de voo: o excesso de peso das bagagens.

O autor segue magistralmente seu texto, num diálogo engraçado com a mitologia – sílfide do passado –, para referir-se à beleza e forma física escultural que a cantora já tivera, até a citação direta que faz da própria Gal: "Quero perder oito quilos". Diante dessa fala da cantora, o autor da carta dispara uma nova série de intertextualidades, reportando o leitor às origens da cantora e a seu próprio nome de batismo: Maria das Graças – "Com a graça do Nosso Senhor do Bonfim" –, até declarar que a perda de peso da cantora só se dará se ela se mantiver distante das carolinas, das margarinas, numa menção direta, embora revestida de novos sentidos, aos versos da emblemática canção tropicalista "Baby", composta por Caetano Veloso para a cantora: "Você precisa / Saber da piscina / Da margarina / Da Carolina / Da gasolina / Você precisa / Saber de mim / *Baby, baby* / Eu sei / Que é assim / *Baby, baby* / Eu sei / Que é assim".

Considerações finais

Com este capítulo, acreditamos ter contribuído para a compreensão de que a intertextualidade é mais um recurso de que dispomos para compor sentidos ou para compreender textos que a utilizam também. Isso nos permite afirmar que nenhum texto se produz no vazio ou se origina do nada; pelo contrário, todo texto se alimenta, explícita ou implicitamente, de outros textos.

A condição para a produção de textos, sejam eles escritos, falados ou de qualquer outra ordem, portanto, é a intertextualidade. Um texto sempre toma posição em relação a outros textos, seja reiterando-os, seja subvertendo as ideias presentes no texto original.

Nesse sentido, a intertextualidade tem um campo de atuação tão amplo e profundo que é possível dizer que ela atinge todos os produtores de textos: quando pensamos em escrever uma carta a um parente, temos um "modelo de texto" pronto em nossa mente; se um analfabeto nos pede que lhe escrevamos uma carta, ele nos dita essa carta exatamente da forma como ela precisa ser feita; no dia a dia de nossas vidas, quando precisamos dar uma ordem ou fazer um pedido, sempre sabemos como fazê-lo.

É evidente, portanto, que a produção e compreensão de certas intertextualidades exigem o conhecimento de alguns mecanismos e a apropriação mais consciente dos diversos gêneros e tipos de textos que circulam na sociedade. O que equivale a dizer que o estudo dos gêneros textuais e do conceito de intertextualidade é um poderoso instrumento no trabalho de produzir e ler textos de modo competente.

Como dominar tais recursos? Lendo! É lendo várias vezes um mesmo texto, é lendo com muita atenção, é lendo muitos textos que começamos a nos apropriar do seu sentido. Miremo-nos, portanto, no exemplo dos bons escritores, da mesma forma que o poeta sugere que as mulheres "Mirem-se no exemplo daquelas mulheres de Atenas".

Cabe ainda frisar que o trabalho com a intertextualidade em sala de aula não deve restringir-se à identificação do intertexto, focada apenas nos conteúdos. É preciso também chamar a atenção para os recursos linguísticos de que se utiliza o produtor na elaboração de suas intertextualidades. Se no diálogo com o texto original ele apenas faz uma transposição de sentido, recontextualizando-o, ratificando-o, através da paráfrase, ou subvertendo-lhe o sentido, através da polissemia, com quais elementos da língua, e de que maneira, ele constrói essas intertextualidades? Ainda mais, é preciso esclarecer aos alunos os conceitos, funções e traços linguísticos das mais variadas formas de intertextualidade: paráfrase, paródia, citação, alusão, epígrafe, dentre outras. Dessa forma, estaremos contribuindo cada vez mais para a formação de falantes/ouvintes/autores/leitores críticos.

Por fim, cabe-nos deixar claro que os textos que constituem o nosso *corpus* de análise não caracterizam "modelos de textos" a serem trabalhados nas aulas de língua portuguesa da Educação Básica. É o professor desse componente curricular, em sua prática pedagógica real na escola, quem saberá escolher os textos adequados aos seus alunos, cujos "multiletramentos" (ROJO; MOURA, 2012) apontam para textos outros, bem diferentes dos que aqui apresentamos, em consonância com

> dois tipos específicos e importantes de multiplicidade presentes em nossa sociedade, principalmente urbanas, na contemporaneidade: a multiplicidade cultural das populações e a multiplicidade semiótica de constituição dos textos por meio dos quais ela se informa e se comunica (ROJO; MOURA, 2012, p. 13).

E mais, nossa escolha desses textos é marcada fundamentalmente pela nossa memória discursiva, sobretudo aquelas memórias afetivas que nos constroem enquanto sujeitos dos nossos dizeres, pela interação na família, na igreja, na escola, no bairro, na universidade, no trabalho, em meio ao conglomerado de vozes que nos fazem os sujeitos polifônicos, heterogêneos que somos, e numa língua(gem) igualmente polifônica e heterogênea.

Referências

AMARAL, Adriana. *Cidadão Slade*: a vida de um homem é seu intertexto. 2004. Disponível em: <bocc.ubi.pt/pág/amaral-adriana-velvet-goldmine.html>. Acesso em: 19 jun. 2012.

AUTHIER-REVUZ, Jacqueline. Heterogeneidade(s) enunciativa(s). *Cadernos de estudos linguísticos*, n. 19, pp. 25-42, jul./dez., 1990.

AZEREDO, José Carlos de. *Iniciação à sintaxe do português*. 9. ed. Rio de Janeiro: Zahar, 2007.

BAKHTIN, Mikhail. *Estética da criação verbal*. Trad. Paulo Bezerra. 4. ed. São Paulo: Martins Fontes, 2003 [1992].

_____. *Problemas da poética de Dostoiévsky*. Rio de Janeiro: Forense-Universitária, 1981.

CHARAUDEAU, Patrick; MAINGUENEAU, Dominique. *Dicionário de Análise de Discurso*. Coord. trad. Fabiana Komesu. 2. ed. São Paulo: Contexto, 2006.

CHARTIER, Roger. *A ordem dos livros*: leitores, autores e bibliotecas na Europa entre os séculos XIV e XVIII. Brasília: Ed. da Universidade de Brasília, 1998.

CHEVALLARD, Yves. *La Transposition Didactique*: Du Savoir Savant au Savoir Ensigné. Grenoble: La pensée Sauvage, 1991.

FÁVERO, Leonor; KOCH, Ingedore G. V. *Linguística textual: introdução*. 6. ed. São Paulo: Cortez, 2002.

GENETTE, Gérard. *Palimpsestes*: la littérature au second degré. Paris: Seuil, 1982.

GERALDI, João W. *Portos de passagem*. 4. ed. São Paulo: Martins Fontes, 2003.

JENNY, Laurent et al. Intertextualidades. *Revista de Teoria e Análise Literária*, n. 27. Coimbra: Livraria Almedina, 1979.

KOCH, Ingedore G. V. *O texto e a construção dos sentidos*. São Paulo: Contexto, 1998.

_____. *Argumentação e linguagem*. São Paulo: Cortez, 1984.

KRISTEVA, Julia. *Introdução à semanálise*. São Paulo: Perspectiva, 1979.

MAINGUENEAU, Dominique. *Novas tendências em análise do discurso*. Trad. Freda Indursky. 3. ed. Campinas: Pontes, 1997.

ROJO, Roxane; MOURA, Eduardo. *Multiletramentos na escola*. São Paulo: Parábola, 2012.

SANT'ANNA, Affonso Romano de. *Paródia, paráfrase e cia*. São Paulo: Ática, 1985.

SOARES, Inaldo F. O papel do tutor no desenvolvimento da lecto-escrita em Ensino à Distância. In: PEREIRA, Regina Celi Mendes. *Nas trilhas do ISD*: práticas de ensino-aprendizagem da escrita. Campinas, SP: Pontes, 2012, v. 17.

SOARES, Magda B. As condições sociais da leitura: uma reflexão em contraponto. In: ZILBERMAN, Regina; SILVA, Ezequiel Theodoro da. *Leitura*: perspectivas interdisciplinares. São Paulo: Ática, 1999.

TERRA, Ernani; NICOLA, José de. *Práticas de linguagem*: leitura e produção de textos. São Paulo: Scipione, 2001.

WISNIK, José Miguel. Eu que aprenda a levitar. 2010. Disponível em: <http://www.cpflcultura.com.br/2009/12/01/íntegra-eu-que-aprenda-a-levitar-jose-miguel-wisnik/. Acesso em: 19 jun. 2012.

Capítulo 7

Interpretando os gêneros textuais circulantes na sociedade hodierna

RAFAEL CAMELO LINS[1]

Há quem leve a vida inteira a ler
sem ter nunca conseguido ir além da leitura.
Ficam apegados à página.
Não percebem que as palavras são apenas pedras
postas a atravessar a corrente de um rio.
Se estão ali é para que possamos chegar
à outra margem. A outra margem é o que importa,
A não ser, A não ser quê,
A não ser que esses tais rios não tenham
duas margens, mas muitas,
que cada pessoa que lê seja, ela,

---

[1] Graduado em Letras (Habilitação: Línguas Portuguesa e Inglesa e suas respectivas literaturas) pela Universidade de Pernambuco (UPE), *campus* Mata Norte. Especialista em Linguística Aplicada a Análises Discursivas pela Faculdade Frassinetti, de Recife (FAFIRE). Atualmente, é professor de Língua Portuguesa e Literatura das séries finais dos ensinos Fundamental e Médio, na modalidade de Educação de Jovens e Adultos e do Preparatório para o ENEM, do Serviço Social do Comércio de Pernambuco (SESC-PE), nas unidades executivas de Casa Amarela, Piedade e Santo Amaro. Além disso, leciona a disciplina de Língua Portuguesa na Escola Dilma Cecília, no município de Itapissuma.

> a sua própria margem, e que seja sua e apenas sua,
> a margem a que terá de chegar
> (José Saramago. *A Caverna.*
> Companhia das Letras, p. 77).

> Dedico aos meus pais: Eliane Maria Camelo Lins e
> Jardem Acciole Lins Júnior.

Vivemos em uma sociedade em que torna-se imperativo a busca do papel da leitura de diferentes gêneros textuais. E essa busca é mais acentuada, em nosso tempo, quando nos deparamos com uma sociedade muito mais tecnológica e informativa do que anos atrás. Não podemos negar que a invenção de novas formas de comunicação alterou definitivamente a maneira como nos comunicamos, e com isso tivemos também uma gama de novos – ou reformulados – textos que circulam socialmente, que acabam exigindo mais de nós, enquanto leitores.

É fato notório que a comunicação está intrinsecamente ligada ao homem e é fato também que, no dia a dia, embora nos utilizemos mais da modalidade oral da língua, de igual modo, a escrita acabou ganhando um destaque maior em diversas esferas sociais. Prova disso é que esta permite que o pensamento seja literalmente guardado, ao contrário da fala, que seria mais imaterial. Isso pode ser exemplificado com o nascimento de um bebê. Ele só pode ser reconhecido como cidadão quando seus pais o registrarem e tiverem posse de um documento escrito – atualmente digitado – da certidão de nascimento.

Essa valorização da escrita requer cada vez mais que conheçamos os seus usos e funções em uma sociedade dita grafocêntrica. Faz-se necessário que entendamos o lugar da escrita nesse tipo de sociedade. Conforme nos atesta Soares, acerca do conceito de letramento, fenômeno social:

> é o estado ou a condição que adquire um grupo social ou um indivíduo como consequência de ter se apropriado da escrita, visto que a produção de significados numa sociedade grafocêntrica passa necessariamente pela escrita (SOARES: 2003).

Nesse contexto, então, é necessário que os leitores compreendam o que fazer com a escrita e o que ela pode fazer por nós, ou, nas palavras do poeta português José Saramago, atravessarmos a outra margem, pois é ela que importa.

Durante muitos anos e lamentavelmente até hoje, em razão de um ensino e uma concepção tradicionalista e estruturalista, a escrita foi tida como uma tecnologia indiferente, em que a situação comunicativa não precisava ser considerada. Com isso, seus usos acabaram sendo muito limitados, visto que servia unicamente para ser instrumento do pensamento e da racionalidade.

Entretanto, outras correntes teóricas acabaram vindo e o letramento, entendido como práticas sociais de leitura e escrita, tornou-se concebido como usos linguísticos culturalmente constituídos e socialmente situados, ou seja, o contexto social passou a ser analisado.

Mas, antes de prosseguirmos com a nossa discussão, é necessário definirmos texto. A palavra texto [do latim *textum*, tecido] pode ser uma ocorrência linguística de qualquer tamanho, devendo ser recebida pelo seu interlocutor como um todo significativo. Sempre produzimos um texto baseado no outro, para interagirmos com o outro, seja para informar, convencer, relatar, propor, declarar, apelar, denunciar, anunciar, ironizar, entre outros. Comunicamo-nos para influenciar o comportamento do interlocutor, e isso se dá por meio de textos, escritos ou falados, verbais ou não verbais. De acordo com Costa Val (1991), o texto é "uma unidade sociocomunicativa, semântica e formal". Sociocomunicativa por influenciar socialmente o outro, semântica por ser dotada de sentido e formal por ter seus elementos constituintes cristalizados.

Para esclarecer esse conceito, tomemos como exemplo um anúncio publicitário. Sua finalidade sociocomunicativa é a de promover ou estimular a venda ou a aceitação de uma ideia ou produto ("Compre Baton, compre Baton" / "Vem pra Caixa você também, vem"). Geralmente, a propaganda é dotada, estruturalmente, de título, imagem, corpo do texto, *slogan* e identificação do produto ou marca. Essa estrutura já é socialmente aceita por nós, já está cristalizada. As características sociocomunicativa e formal contribuem para darmos a essa ocorrência linguística significado, formando, assim uma unidade: o texto.

Quando lemos para buscar a construção de sentido de gêneros textuais que circulam na sociedade do nosso tempo, como interlocutores sabemos, mesmo que seja intuitivamente, pelos usos nas mais diversas esferas comunicativas, que esses textos apresentam estruturas cristalizadas. A partir disso, é fundamental, para que o leitor possa ler bem, adquirir, conforme Kleiman (2009), três tipos de conhecimento prévio, conhecimentos esses que o leitor já tem e armazenou em toda a sua vida: conhecimento linguístico, textual e de mundo.

O conhecimento linguístico é um conhecimento internalizado sobre o uso da língua. Ele é composto pelas partes da gramática: fonético, morfológico e sintático. Por exemplo, o sentido de uma sentença como "Assisti o doente" é diferente de "Assisti ao doente". Na primeira, o sujeito determinado elíptico [1ª pessoa do singular – eu] auxilia o enfermo; no segundo caso, a pessoa simplesmente vê o doente.

O segundo, o conhecimento textual, consiste em identificar a tipologia e o gênero textuais, contextualizar o texto em um tempo e espaço, relacionar o título ao texto, apreender a ideia global, separando das secundárias, buscar a intenção do emissor, reconhecer se há intertextualidade explícita – quando é mostrada a fonte do texto de apoio – ou implícita – não é dita a fonte, tendo o receptor que possuir um conhecimento necessário para saber identificá-la; bem como verificar a coesão e a coerência textuais.

E, finalmente, o denominado conhecimento de mundo, que é obtido através de experiências pelas quais o leitor passa durante sua vida. Precisa estar ativado, ou seja, as informações precisam estar recentes em nossa mente para que seja possível o entendimento do texto. Observe: "O Brasil sempre foi respeitado pela qualidade de seu *futebol*. De fato, *o nobre esporte bretão* constitui uma de suas marcas de sucesso mais reconhecidas internacionalmente".

No trecho acima, percebemos que o conhecimento linguístico por si só não é suficiente para que o compreendamos. A expressão "o nobre esporte bretão" retoma o termo "futebol", evitando a repetição e estabelecendo coesão por equivalência semântica. O termo "esporte" é um hiperônimo de "futebol", fato que remete a um conhecimento linguístico; já "bretão", além desse domínio, exige do leitor um conhecimento de mundo acerca da origem desse esporte: Bretanha ou Inglaterra.

Assim, poderíamos sintetizar nossas ideias com o seguinte esquema:

Leitor decodificador ou leitor "além da leitura": eis a questão.

De fato, só podemos ser reconhecidos como seres sociais quando interagimos socialmente. Para interagirmos socialmente, fazemos uso da comunicação, nas suas mais diversas formas: rabisco, pintura, gestos, sinais, cores, expressão corporal, expressão facial e, entre outras, a língua. Precisamos ler o mundo a nossa volta e sermos lidos por ele. Na realidade, por meio de eventos de letramentos é que damos significado às coisas, seja coletiva, seja individualmente, mas sempre sendo parte de um todo.

De tal modo, precisamos escolher um caminho: ser um leitor decodificador ou um leitor "além da leitura". O ato de ler implica muito mais do que apenas ficar apegado à página, ler é muito mais do que decodificar. Tradicionalmente, as pessoas veem a leitura como uma atividade simples, que não exige muito do leitor, a não ser uma leitura um pouco mais atenta. Ou acreditam que a leitura esteja ligada apenas às palavras escritas.

Ler vai além do dito, faz-se necessário colher as pistas deixadas pelo autor ao longo do caminho para compreender também o não dito, as entrelinhas, o que na verdade o autor quis dizer, mas não disse literalmente. Além disso, não há um único tipo de leitura. As leituras existem de acordo com o propósito dos interlocutores e muito mais do emissor. Tem-se, conforme Britto (2007): 1) a leitura por lazer, diversão ou fruição [gibis, romances, letras de músicas...]; 2) a articulada às ações do cotidiano [agenda, cardápio de restaurante, lista de compras...]; 3) a de orientação e formação pessoal [manuais, lista telefônica, sinopse de filmes, propaganda, placa de sinalização de trânsito, Bíblia...]; 4) a de instrução para atividade profissional [edital de concurso, carta comercial, e-mail, memorando...] e 5) leitura de estudo [enciclopédia, artigo, resumo, dicionário...].

Além disso, é essencial que exista uma relação entre o autor e o receptor. Não basta apenas que o leitor reconheça a finalidade de um texto, mas também compreenda as ideias do emissor, mesmo havendo discordâncias.

Teóricos como Menegassi (1995) e Cabral (1986) asseveram que há basicamente quatro níveis de leitura, cada um dependente do outro, conforme nos mostra a tabela a seguir:

Nível de Leitura	Características
1. Decodificação	Leitura superficial, embora essencial para a próxima fase, de elementos gráficos, tais como letras, tabelas, gráficos, imagens.
2. Compreensão ou intelecção	Nesse nível, o leitor já deve estar mais amadurecido, procurando retirar sentido da decodificação feita. Analisa-se realmente o que está escrito nas linhas do texto, coletando seus dados.
3. Interpretação	Busca-se inferir ou concluir, de maneira crítica, as informações subentendidas nas entrelinhas do texto. O leitor somente chega nessa etapa se tiver realizado uma boa compreensão.
4. Retenção	O leitor tem a probabilidade de expandir seus conhecimentos de mundo por meio de associações, comparações, confrontos e articulações, tendo interpretado e não apenas compreendido as informações do texto.

Para ler bem não basta apenas decodificar um texto. É preciso avançar e penetrar nas outras etapas, mas isso é um exercício contínuo, que requer um leitor mais maduro e seletivo.

Tipologia e gêneros textuais

Todo texto oral ou escrito apresenta-se numa forma que depende da situação comunicativa. Os gêneros são constituídos por encadeamentos diferenciados, denominados tipos textuais. Teoricamente, os tipos são marcados como narrativos, descritivos, argumentativos, expositivos ou injuntivos. Conforme Bakhtin (1995), "todo gênero, em sua composição, possui uma forma, além do conteúdo e estilo, elementos indissociáveis na constituição do gênero". Enquanto a tipologia textual é formada por meia dúzia de tipos, os gêneros do discurso são inúmeros e, por serem práticas sociais de uso, não podem ser vistos como ocorrências estáticas.

Os gêneros textuais podem sofrer mudanças nos seus usos e constituições e até mesmo em sua esfera de circulação. Podemos ver isso no caso do bilhete. Com a popularização do telefone móvel, no final da década de 1990 e início dos anos 2000, as pessoas, pela correria do dia a dia, cada vez menos deixam de utilizar bilhetes em porta de geladeira, por exemplo, para fazerem uso de mensagens eletrônicas, mandadas para outro celular, via SMS (sigla em inglês que significa Serviço de Mensagem Curta/Short Message Service).

Na verdade, o gênero textual não deixou de existir, e, sim, por questões como praticidade, economia e facilidade, sofreu variação e transformou-se em SMS. Assim, as necessidades passaram a ser outras, os tempos são outros e as tecnologias são outras, bem como os suportes. Ao invés de termos uma simples folha de papel, de qualquer lugar do mundo, principalmente no caráter de urgência ou imprevisto, podemos enviar mensagens eletrônicas curtas para outro aparelho móvel, diferentemente do bilhete que precisava ser algo mais premeditado. Mudou-se, portanto, o suporte.

Com isso, percebemos que fatores extralinguísticos como o tempo e o espaço, bem como a intencionalidade e o interlocutor podem alterar o condicionamento de qualquer gênero, embora nem sempre, como afirma Bakhtin, nos damos conta disso. Outro exemplo, devido à Educação a Distância (EAD), são as aulas presenciais, que concorrem atualmente, em ambiente virtual, com as aulas por teleconferências.

A seguir tem-se um quadro-síntese baseado na teoria funcionalista dos autores Schnewly e Dolz, que deixará claro para o leitor a diferenciação da tipologia e seus respectivos gêneros.

Interpretando os gêneros textuais circulantes na sociedade hodierna

Aspectos tipológicos

Domínios sociais de comunicação	Capacidade de linguagem dominante	Exemplos de gêneros orais e escritos
Cultura literária ficcional	NARRAR Mimeses da ação através da criação da intriga	Conto maravilhoso Fábula Lenda Narrativa de aventura Narrativa de ficção científica Narrativa de enigma Novela fantástica Conto parodiado
Documentação e memorização de ações humanas	RELATAR Representação pelo discurso de experiências vividas, situadas no tempo	Relato de experiência vivida Relato de viagem Testemunho *Curriculum Vitae* Notícia Reportagem Crônica esportiva Ensaio biográfico Memorial
Discussão de problemas sociais controversos	ARGUMENTAR Sustentação, refutação e negociação de tomadas de posição	Texto de opinião Diálogo argumentativo Carta do leitor Carta de reclamação Deliberação informal Debate regrado Discurso de defesa Discurso de acusação

Transmissão e construção de saberes	EXPOR Apresentação textual de diferentes formas dos saberes	Seminário Conferência Artigo ou verbete de enciclopédia Entrevista de especialista Tomada de notas Resumo de textos "expositivos" ou explicativos Relatórios científicos Relato de experiência científica Monografia Tese/dissertação
Instruções e prescrições	ORIENTAR Descrever ações	Instruções de montagem Receita Formulários Regulamento Regras de jogo Instruções de uso Instruções/bula de remédio

Fonte: Schnewly e Dolz e colaboradores. (*Gêneros orais e escritos na escola*. Trad. e org. Roxane Rojo e Glaís Cordeiro. São Paulo: Mercado de Letras, 2004, p. 121.)

Práticas para ler bem: estratégias de leitura

Para se ler bem, inicialmente o leitor deve criar o hábito e gosto pela leitura, procurando estímulos por gêneros com os quais tenha afinidade. Ao analisar um texto, procure sempre lê-lo duas vezes: a primeira para ter um contato inicial, procurando observar os elementos constituintes do gênero em questão. Seria uma leitura mais de superfície:

título, composição dos parágrafos e seu aspecto gráfico – imagens, tabelas e fontes. A segunda, seria mais aprofundada, atendo-se à articulação do texto, como o autor introduz, desenvolve e conclui as ideias, e, também, observando a tipologia e os gêneros textuais. Essas duas leituras englobariam os quatro níveis de leitura já vistos – decodificação, compreensão, interpretação e retenção –, bem como o uso dos conhecimentos prévios: linguístico, textual e de mundo. Tomemos como exemplo os textos a seguir.

TEXTO 1

[título da manchete]
Baleia explode na rua

[autora do texto]
por *Barbara Axt*

[corpo da notícia]
Parece uma manchete de tabloide sensacionalista, ou um trecho de filme B de terror-meleca. Mas a cena realmente aconteceu em Taiwan há dois meses. Um cachalote morto explodiu, provocando um verdadeiro banho de sangue e vísceras que atingiu lojas, carros e pedestres.

No momento do estouro, o animal estava sendo transportado em uma carreta pelas ruas de Taiwan City, em direção a um centro de conservação natural, para que fosse estudado.

O cetáceo havia sido encontrado encalhado numa praia, onde morreu. O biólogo Wang Chien-ping decidiu levar o animal para sua universidade. Uma ideia complicada, para dizer o mínimo. Foram necessários três guindastes e 50 pessoas para colocar o cachalote na carreta. Ele tinha 17 metros de comprimento (mais ou menos a altura de um prédio de seis andares) e pesava cerca de 50 toneladas.

A razão da explosão foram os gases no interior do organismo do bicho. "O processo de decomposição faz com que os animais produzam gases dentro do corpo, ficando inchados. No caso desse cachalote, ele ficou na praia, exposto ao calor, o que fez com que os gases se expandissem", afirma Sérgio Henrique G. da Silva, chefe do departamento de Biologia Marinha da Universidade Federal do Rio de Janeiro.

O mau cheiro foi tanto, que os garis precisaram de máscaras para fazer a limpeza. Mas não é preciso se preocupar: as chances de um bicho explodir perto de você é bem remota.

"Normalmente os gases são expelidos pelo ânus. Nesse caso, talvez a saída natural estivesse obstruída. O corpo, com a putrefação, se tornou mais frágil, e por isso a pressão interna foi capaz de estourar a parede do intestino", diz o biólogo.

[suporte da notícia / contextualização do tempo]
(*Revista Superin-teressante*, edição 199, abr. 2004.)

Passos:

1. Todo texto apresenta uma unidade temática. Para identificar o tema ou o assunto, é necessário sublinhar os substantivos, e os que mais se repetirem fazem parte da tessitura, com isso o leitor poderá compreender os principais conceitos desenvolvidos. No texto 1, as palavras que mais se repetem, matendo uma centração do tema, são: baleia, cachalote, animal, cetáceo e bicho.

2. Identificar as características do texto para reconhecer sua tipologia e gênero textuais, além dos interlocutores envolvidos. O texto tem como estrutura o título [manchete], o nome da autora, o corpo e o suporte em que o gênero textual fora veiculado. No caso, em uma revista dita científica, de circulação mensal, destinada principalmente a jovens e adolescentes de classe média e alta. O texto se enquadra no gênero notícia, cuja finalidade é informar ou relatar ao leitor fatos atuais [embora seja de 2004], com simplicidade, concisão e precisão. Mesmo apresentado sequências argumentativas, como o depoimento do biólogo Sérgio Henrique G. da Silva, ou mesmo descritivas, como o comprimento e o peso da baleia, o texto se enquadra, predominantemente, na tipologia expositiva.

3. O leitor deve ter em mente, como conhecimento textual, que toda notícia deve responder a perguntas básicas do jornalismo: a) quem: um cachalote; b) onde: Taiwan; c) o quê: explodiu na rua; d) como: o animal morto estava encalhado na praia e estava sendo transportado para a universidade, quando acabou explodindo; e) quando: há dois meses, no caso, fevereiro de 2004; (f) por quê: devido à exposição ao calor da praia, houve a produção de gases, no interior do cetáceo, os quais se expadiram, levando à explosão do bicho.

4. Durante o processo de interlocução, a autora, a jornalista Barbara Axt, teve como estratégia despertar o interesse e a curiosidade do leitor por meio do título "Baleia explode na rua", por ser um fato inusitado, ao mesmo tempo que busca criar o humor, como pode ser observado

em trechos como: "Parece uma manchete de tabloide sensacionalista, ou um trecho de filme B de terror-meleca" e "Mas não é preciso se preocupar: as chances de um bicho explodir perto de você é bem remota".

Além desses procedimentos, o leitor, segundo Britto (2007), pode também fazer uso de estratégias de leitura, dependendo do seu propósito com o texto. Entre elas, tem-se: 1) o sublinhado de palavras ou ideias principais; 2) os comentários que podem ser feitos à margem da folha; 3) esquemas; 4) roteiro de leitura; 5) paráfrases e resumos; 6) tabelas e quadros e 7) catalogação de textos, livros ou fichas, todas as estratégias para posterior pesquisa ou consulta.

TEXTO 2

Anúncio publicitário da Yamaha.
Fotografia tirada pelo autor deste artigo, em fevereiro de 2012.

O texto 2 é anúncio publicitário que utiliza como suporte o *outdoor*. Diferentemente do texto 1, que exigia uma leitura unicamente verbal, a propaganda da Yamaha exige uma leitura de elementos não verbais também. Analisemos a sua estrutura, conforme o esquema abaixo:

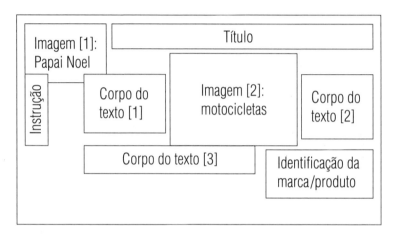

Além dos elementos estruturais do gênero textual, convém observar, enquanto leitor, que o anunciante (empresa Yamaha) destina sua mensagem aos usuários da estação rodoviária do metrô de Recife, consumidores em potencial, já que a propaganda se localiza em uma estação ferroviária. O locutor também, para chamar a atenção do interlocutor, utiliza a cor amarela nas palavras "EMPLACAMENTO TOTAL" e "PARCELAS ESPECIAIS" para vender suas motocicletas. Essa promoção é reforçada com o uso da imagem [2] e o aumento da fonte que compõe a palavra GRÁTIS, que inclusive está em outra cor. O uso do fundo vermelho também contribui para convencer e levar alguém a interessar-se pelo produto.

Há um apelo a uma necessidade: o usuário do metrô, que supostamente pega esse meio de transporte lotado, pode ter sua independência no que concerne ao uso do transporte público, visto que as parcelas são especiais – o emprego do adjetivo "especiais", considerando a intencionalidade do texto, ressalta a qualidade positiva do produto, procurando levar o consumidor a adquiri-lo. E até ELE (neste caso, o pronome pessoal do caso reto reitera a figura [1]), o Papai Noel, que todo ano no mês de dezembro precisa atender a desejos de uma lista imensa de pessoas, na maioria crianças, pôde comprar a moto; você também pode. Se ele abandonou o trenó, você também pode abandonar o metrô e comprar a sua motocicleta.

Outro gênero de texto em seu sentido amplo, em que a imagem constitui-se, também, de uma unidade semântica, muito comum nos meios de comunicação atuais, é o *cartum*, em sua forma narrativa, que pode explorar a caricatura (outro gênero textual que tem como principal característica o exagero, principalmente de expressões fisionômicas, para provocar no interlocutor o tom jocoso, engraçado.). A esse diálogo entre os gêneros textuais – *cartum* ✶ caricatura, por exemplo – teóricos da linguística textual chamamos de intergenericidade. Além disso, o *cartum* geralmente é um texto não verbal, como dissemos anteriormente, que pode, além de abordar de maneira humorística uma temática, fazer uma crítica, sendo esse assunto sempre atemporal, ou seja, não é necessário ter ideia de tempo e espaço específicos – contexto – para compreendê-lo.

Já a *charge*, por sua vez, também pode ser considerada um *cartum*, mas a crítica contida nela é direcionada a um acontecimento específico. Com isso, faz-se extremamente importante que o leitor saiba – conhecimento prévio – sobre o assunto em questão, para que possa realizar uma interpretação mais proficiente e não ficar apenas preso à superfície textual, como poderemos perceber em uma *charge* de autoria de Samuca, publicada no *Diário de Pernambuco* em fevereiro de 2008. Nela, o autor apresenta um contexto escolar em que uma professora, numa aula supostamente de geografia ou sociologia (por trabalhar classes sociais da base ao topo da pirâmide socioeconômica), vai explanando com um apontador cada classe e demonstra em seu semblante descontentamento por pertencer à classe mais baixa. Percebe-se isso pela estampa do vestido utilizado por ela, o qual também é semelhante àqueles que se identificam com esta classe social. Diante de tal imagem da *charge* aqui descrita, o locutário, mediante a intencionalidade discursiva – ideologia – presente nesse ato comunicativo, deve chegar à conclusão de que se trata de gênero textual e não de um *cartum*, embora os dois sejam muito próximos em suas características formais.

Acreditamos que tenha ficado claro que se trata de uma *charge*, já que é uma temática bastante atual da nossa política brasileira: a ausência de investimento de políticas públicas direcionadas à educação, resultando na falta de interesse e estímulo profissional do professor, que se enquadraria na classe social menos favorecida. A expressão facial da professora, bem como a explicação da divisão hierárquica socioeconômica da sociedade brasileira – inclusive a classe baixa apresenta a mesma estampa do seu vestido – aos supostos alunos, desmotiva-a pela falta de valorização da própria sociedade. Existe, portanto, uma crítica mordaz por parte do chargista, destinada aos possíveis leitores – na sua maioria pertencentes às classes mais privilegiadas do periódico utilizado como suporte para veiculação do mesmo: o jornal *Diário de Pernambuco*.

Existe um tipo de *cartum* de Luiz Carlos Coutinho, o Caulus, em que o ser humano, enquanto corre atrás dos bens materiais, vai esvaziando o seu coração para encher sua mala com coisas materiais. A intenção pretendida pelo autor foi a de realizar uma crítica ao que vem acontecendo com a humanidade, que, na luta pela sobrevivência do dia a dia, valoriza o TER em detrimento do SER: a mala, metaforicamente, simboliza a priorização dos bens materiais, que é preenchida pela ânsia do possuir, na sequência das tirinhas, em detrimento do coração que se esvazia, representando os valores de caráter que acabam sendo negligenciados. Assim, a temática desenvolvida por Caulus não apresenta um espaço e um tempo definidos, embora o *cartum* tenha sido publicado na década de 1970, pois em qualquer tempo e espaço o ser humano pode se comportar dessa maneira. Assim, vamos observando que os textos não verbais passam uma mensagem tão profunda quanto aqueles que se utilizam da palavra.

Se fôssemos sintetizar toda a explanação até aqui, teríamos um gráfico em forma de ciclo que nos auxiliaria toda vez que lêssemos e analisássemos um texto. Ei-lo:

Outro exemplo é o texto de Walmir Américo Orlandeli, cartunista ilustrador, o qual pode ser classificado como uma *charge*. Nele, o locutor, em uma folha de caderno escolar, apresenta os três tempos verbais do modo indicativo: pretérito, presente e futuro. Cada tempo verbal é composto de três pessoas do discurso: eu, tu e eles. Assim temos, no pretérito: "eu não estudei; tu não te responsabilizaste; eles não investiram em educação". No presente: "eu depredo, me drogo e agrido; tu choras; eles não investem em educação", e, por fim, no futuro: "eu sofrerei, tu sofrerás, eles se elegerão". Orlandeli, ainda, faz uso de uma imagem de um estudante desmotivado fumando um cigarro e com seu material escolar espalhado pelo chão.

Esse texto possui a mesma temática do anterior, no que se refere ao contexto de sala de aula. Tendo como suporte a folha de caderno, pois a intenção do autor é deixar claro para o leitor que foi um aluno que produziu um suposto e clássico exercício gramatical de conjugação verbal. Cada tempo verbal estaria associado à história da educação no Brasil, em que se têm as três pessoas gramaticais ou discurso – eu, tu e eles –, dependendo da linha teórica analisada. Ao mesmo tempo que os pronomes pessoais do caso reto representam as pessoas do discurso, eles também significam os sujeitos discursivos presentes na nossa sociedade. O "eu" simboliza o aluno, que não tem perspectiva de futuro com respeito ao atual sistema educacional brasileiro, e os verbos de ação reforçam essa ideia em cada tempo verbal: não estudei/depredo, me drogo e agrido/sofrerei. O "tu" pode representar a escola, os pais, a família do aluno ou mesmo a sociedade, que não se responsabilizaram, e que choram no presente em razão do descaso para com a educação, sofrendo a consequência de suas atitudes. E o "eles" diz respeito aos políticos, que mesmo não investindo na educação no passado e no presente, eleger-se-ão no futuro, porque a sociedade, independentemente do cenário, tem memória curta ou não valoriza o poder do voto. A relação entre o desenho – o aluno, na carteira escolar, desinteressado em estudar e em um ambiente totalmente desestimulante – contribui ainda mais para o julgamento de valor de Orlandeli.

Convém ainda mencionar outro gênero muito usual nos meios midiáticos: a caricatura. Um exemplo pertinente para a nossa discussão seria o do autor Cleyton,[2] que faz uma imagem jocosa do deputado federal Tiririca com a inclusão de duas assertivas: 1. "Vou criar o bouça aufabetização!"; 2. E vou ser o primero benificiado!".

O locutor do texto utiliza dois gêneros textuais em um só ato comunicativo: a caricatura e a *charge*. Seu propósito, baseado no fato de Tiririca, humorista e atualmente deputado paulista, ter sido eleito com recorde de votos na história da política brasileira, foi de fazer uma crítica à política brasileira e aos eleitores, especificamente os paulistas, que o elegeram, ainda que cometa desvios gráficos com base no apoio da oralidade, tais como: "bouça", "aufabetização", "primero" e "benificiado". A charge requer que o leitor tenha certo nível de instrução para perceber esses desvios e assim perceber o tom humorístico. O riso se faz presente também no fato que ele se reconhece como sendo analfabeto, tanto é que será o primeiro a usufruir do programa social que tem como meta amparar parte da população carente no combate ao analfabetismo. Também fica em aberto a possibilidade – ambiguidade – de o interlocutor interpretar o tema como relativo ao desvio de verbas para o tal programa, consoante a segunda assertiva.

---

[2] Disponível em: <http://www.formadoresdeopiniao.com.br/index.php?option=com content&view=article&id=12410:bolsa-alfabetizaçao-por-tirica&catid=52>. Acesso em: 21 jun. 2012.

TEXTO 3

Por que o ministério que cuida da economia
se chama "da fazenda"?
É um traço de português arcaico entre
os brasileiros contemporâneos

por *Juliana Elias*

Tudo bem que um terço do nosso PIB vem do campo, mas daí a chamar toda a economia de "fazenda" é demais, não? O que em outros países recebeu o nome de "Ministério da Economia" (nome usado durante o governo Collor) ou simplesmente "Tesouro", como nos EUA, por aqui ficou sendo "da Fazenda" mesmo.

O termo talvez não soasse tão destoante num Brasil em começo de século XIX – quando Dom João VI fugiu para cá, reformulou a colônia e fundou o órgão. "Fazenda" era uma palavra do português arcaico, usada para designar coisas como riqueza, renda, dinheiro", explica Rubens Ricupero, coordenador da Faculdade de Economia da FAAP e também ex-ministro da Fazenda.

Passados dois séculos, muita coisa mudou no ministério. A atividade central, no entanto, continua basicamente a mesma: pegar todo o dinheiro que o governo ganha e decidir a melhor forma de gastá-lo. Detalhe: o nome "fazenda" ficou só no Brasil mesmo. Em Portugal, a instituição passou por uma reforma geral ainda em 1910 e foi rebatizada de "finanças" (*Revista Superinteressante*, edição 290, abr. 2011).

Ao analisar o texto, percebermos que ele se estrutura em título, subtítulo e corpo da matéria. Inicialmente, conclui-se que se trata de uma notícia que circula em uma revista de cunho científico. O subtítulo, recurso bastante comum em certos gêneros jornalísticos, amplia a informação apresentada no título e sintetiza os conteúdos fundamentais do texto, de forma a facilitar para o leitor, que pode ou não se interessar pela informação abordada no mesmo. Dessa forma, a sua ideia global pode ser reconhecida no fato de o Brasil não utilizar os termos "economia" ou "tesouro" para nomear um dos seus ministérios, o que se deve à origem etimológica da palavra "fazenda", que no português antigo significava tudo o que era relacionado a bens financeiros. Quanto à finalidade, o propósito comunicativo do texto é explicar para o possível leitor da revista, na maioria adolescentes e jovens de classe média, que o Ministério da Fazenda tem esse nome devido à peculiaridade da língua. Outro aspecto relevante a ser mencionado é que, embora apresente traços argumentativos, o texto não pode ser classificado como tal, uma vez que seu foco é apresentar informações sobre um fato específico: o motivo do Ministério da "Fazenda" ter essa denominação, diferentemente de outros países.

Outro gênero de texto que se pode refletir neste momento é o poema, já tão conhecido e estudado, de Vinícius de Moraes, intitulado "A rosa de Hiroshima". O texto é híbrido, pois possui características do Classicismo e do Modernismo, ao trazer rimas ricas e a ausência das mesmas, constituindo-se, também, de versos que chamamos de "brancos", ou seja, sem rimas. Outra característica clássica é a presença da métrica em todo o poema, que se apresenta em redondilha menor (versos de cinco sílabas).

Partindo da premissa de que todo texto está inserido em uma situação comunicativa específica e única, a letra de Vinicius de Moraes remete a uma tragédia ocorrida na história mundial: a II Guerra. O leitor/ouvinte deve possuir um conhecimento mínimo de história geral para que faça uma leitura adequada e eficiente. Por meio do poema, o autor faz uma denúncia social acerca da irracionalidade humana que, por interesse próprio, é capaz de destruir a si mesma.

O texto de Vinicius é composto de uma única estrofe de dezoito versos em redondilha menor [cinco sílabas em cada verso em relação à métrica], como já dito antes. Inicialmente, percebemos que o texto é quase todo formado por substantivos, adjetivos e locuções adjetivas, pois, com esses elementos (classes gramaticais), conseguimos identificar a centração temática, e, ao mesmo tempo, o uso dos adjetivos pela caracterização amplia o significado e a possibilidade de entendimento. A canção explora uma figura de linguagem denominada gradação nos versos [1], [3] e [5]. O uso de vocábulos como "criança" [fase da infância], "menina" [fase da adolescência], "mulher" [fase adulta] enumera de forma crescente a ideia exposta pelo compositor: as marcas deixadas em todas as faixas etárias. O uso do gênero feminino denota os seres mais frágeis que foram vítimas da guerra [Pensem nas crianças / Pensem nas meninas/ Pensem nas mulheres]. Além da gradação, outra figura bastante utilizada na música é a metáfora, pois há uma comparação não explícita nascida pela semelhança do formato entre a explosão da bomba – cogumelo – e uma rosa nos versos [10] ao [13]. A sinestesia também é empregada no verso [17]: "Sem cor, sem perfume", com a sensação olfativa.

Além do conhecimento prévio, o interlocutor precisa também ter conhecimento linguístico sobre o significado de algumas expressões que provavelmente são pouco habituais como: "Pensem nas feridas / Como rosas cálidas" [7/8], que significam as dores ocasionadas pelo horror da guerra que estarão sempre vivas na mente dos japoneses, fazendo-os sofrer. Ou "Pensem nas mulheres / Rotas alteradas" [5/6], que remetem às mulheres que se tornaram estéreis, perdendo a capacidade de gerar outra vida por influência da radioatividade.

Assim sendo, a canção de Moraes evoca o interlocutor a refletir sobre um fato marcante na história e suas consequências sobre os flagelados, crianças e mulheres, sobreviventes da guerra, que terão que viver com o trauma e as sequelas físicas e biológicas: "crianças mudas, telepáticas; meninas cegas, inexatas; mulheres rotas alteradas" [1 – 6]. Com isso, o autor deixa transparecer suas ideologias, posicionando-se contra o episódio ocorrido, fruto da estupidez humana.

Pensamos que com essas análises contribuímos com os nossos leitores no que se refere ao ato de fluência na leitura, que, antes de tudo, é conhecimento prévio, linguístico, textual, enfim, a busca do sentido dos textos nos implícitos.

Referências

BAKTHIN, Mikhail. Os gêneros do discurso. In: *Estética da criação verbal*. São Paulo: Martins Fontes, 1995.

BAZERMAN, Charles. *Gênero, agência e escrita*. Judith Hoffnagel e Ângela Paiva Dionísio (org.). São Paulo: Cortez, 2006.

BRITTO, Luiz Percival Leme. O ensino de leitura e da escrita numa perspectiva transdisciplinar. In: BAGNO, Marcos et al. (org.). *Práticas de letramento no ensino*: leitura, escrita e discurso. São Paulo: Parábola, 2007.

CABRAL, L. S. *Processos psicolinguísticos de leitura e a criança*. Porto Alegre: Letras de Hoje, v. 19, n. 1, 1986, pp. 7-20.

COSTA VAL, Maria da Graça. *Redação e textualidade*. São Paulo: Martins Fontes, 1991.

KLEIMAN, Ângela. (org.). *Os significados do letramento:* uma nova perspectiva sobre a prática social da escrita. Campinas: Mercado das Letras, 1995.

_____. *Texto e leitor:* aspectos cognitivos da leitura. Campinas: Pontes, 2009.

LIRA, Pe. Bruno Carneiro. *Linguagens e a palavra*. São Paulo: Paulinas, 2008.

LOPES, Iveuta de Abreu. *Cenas de letramentos sociais*. Recife: Programa de Pós-graduação em Letras da UFPE, 2006.

MENEGASSI, Renilson José. Compreensão e interpretação no processo de leitura: noções básicas ao professor. Maringá, *Revista Unimar*, v. 17, n. 1, pp. 85-94, 1995.

SCHNEWLY; DOLZ e col. *Gêneros orais e escritos na escola*. Trad. e org. Roxane Rojo e Glais Cordeiro. São Paulo: Mercado de Letras, 2004.

Capítulo 8

A importância da literatura para o ato de escrever com autonomia

ROBERTO NOGUEIRA[1]

J. Xisto[2] classificou, no século passado, toda a literatura existente em dois grandes terrenos ou campos: O campo do saber (ou terreno do conhecimento) e o campo do lazer (ou terreno da diversão e do prazer). Uma divisão pessoal – há quem dela discorde –, mas que, para dar início à reflexão acerca do tema autonomia, já é um bom começo.

Entende-se por autonomia, em alguns casos, a capacidade que possui o estado ou o indivíduo de agir e trabalhar conforme suas próprias leis. Certamente, leis possíveis e justas, mas pessoais. Fala-se, portanto, em estado autôno-

---
[1] Padre católico com formação filosófico-teológica. Escreveu mais de uma centena de livros, tendo publicado setenta e dois, entre os quais: *Dicionário do Universo Teresiano, Dicionário de Literatura Cristã e Judaica, Dicionário Brilhante da Fama, Joias do tempo, As duas canções, A mão de Deus, As serras e os prados etc. É membro da União Brasileira de Escritores (UBE), de Pernambuco.*
[2] Mimeo.

225

mo, ou seja, aquele que se rege pelas próprias leis; trabalhador autônomo, o que trabalha por conta própria, sendo seu próprio patrão e reitor; pensador autônomo, aquele que detém ideias pessoais acerca de muitas realidades e coisas, o que nos parece o ideal, afinal, o que mais vemos no mundo e nos trabalhos acadêmicos são colagens constantes de pensamentos e conclusões alheias, sem quase nenhuma reflexão pessoal e progresso na arte do pensar.

Estamos, portanto, diante de um pensador autônomo, J. Xisto, que ousou ultrapassar o comum da vida humana.

Ultrapassados, porém vivos

Os campos e terrenos nos remetem às atividades agrárias. J. Xisto refletiu, ao discorrer sobre os campos da literatura, acerca da conservação da ruralidade em nossa linguagem:

> Curiosamente ainda hoje nossa linguagem e textos são excessivamente rurais e agropastoris. Utilizamo-nos de certos vocábulos como cultura, rebanho, ovelhas, sementes, pastores, seara, redil, curral, planta, plantados, raíz, tronco, ramos, folhas, campos, terrenos, vinha, videira, flores, frutos, semeadura, etc. E ao utilizar-nos várias vezes desses vocábulos, nós os desvestimos do seu verdadeiro significado e, talvez por analogia, os aplicamos às nossas realidades cotidianas, assim:
> - A raiz de todo mal é a preguiça (raiz = princípio);
> - Bendito o fruto do seu ventre (fruto = filho);
> - Nós somos o seu povo e seu rebanho, ovelhas conduzidas por sua mão (rebanho = certa porção de seres humanos; ovelhas = pessoas);

- O tronco das famílias do município é o dos Oliveiras (tronco = princípio, sustentáculo);
- A semente da justiça é semeada em terreno fértil, ou seja, a reta consciência (semente = germe, origem; terreno fértil = consciência);
- O candidato ao cargo político já ativou seu curral eleitoral (curral = grupo de eleitores que lhe são favoráveis);
- Necessitamos urgentemente promover a cultura da paz (cultura = o que produz)...

Conclusão: mudamo-nos para as cidades, mas continuamos sendo tabaréus. Será que evoluímos mesmo, ou são os nossos conhecimentos que ainda não saíram das primitivas eras e das fazendas, de tal modo que, embora cidadãos, conservamos a cabeça na lavoura e no rebanho? Isso de fato é uma verdade, pois continuamos dependentes da lavoura e do rebanho para manter-nos vivos.

Quem sabe, quem não sabe?

Voltando ao início, J. Xisto escreveu sobre os dois campos, mas certamente não se trata de divisão estanque, acabada e pura. Explica-o:

> Tudo o que se produziu até hoje, na profissão literária, resume-se em áreas como a do saber e a do lazer, quais sejam, conhecimento (científico ou não!), nascendo e crescendo nesta seara a história, a geografia, a filosofia, a teologia, a matemátia, a física, a química, as leis, os documentos etc.; e entretenimento (o mesmo que diversão, passatempo, prazer), e para o *homo sapiens*, cultivador da literatura e seu consumidor, essa é a melhor parte (romances, contos, novelas, poesias, anedotário etc.), e que ninguém lhe há de tirar.

Por ser um homem extremamente religioso, profundo cristão católico, J. Xisto apreciava exemplificar suas ideias e conceitos com passagens escriturísticas cristãs, mormente as dos Evangelhos. Dizia:

> Jesus visitou as irmãs Marta e Maria. Cada uma tinha lá seu jeito próprio de demonstrar atenção e carinho. Uma, a Marta, imaginava agradar mais ao visitante oferecendo-lhe um banquete supimpa. A outra, Maria, tinha a convicção de que, para agradar alguém eficientemente, sendo o tal um Mestre querido, importava ouvir-lhe com ouvidos atentos. Porém, como sói ocorrer aos humanos, não existem muitos compromissos com a verdade, e cada um julga que é mais capaz do que o outro. Marta se considerava mais capaz do que Maria, ao menos nesse campo do receber bem. Observando que Maria apenas se ocupava com ouvir Jesus, e não se importava nada com os afazeres domésticos, chamou-lhe a atenção. Melhor diria, chamou a atenção do Mestre, para que ordenasse a irmã ajudá-la. E afirmo eu que, no mundo, uns são Martas (imaginam que sabem tudo, e até mesmo como agradar os outros!); outros são Marias, que fingem não saber, ou têm vontade de aprender, por isso suas ocupações principais são escutar, escutar e escutar.

Nos campos literários podem ocorrer coisas semelhantes: uns julgam saber tudo, e até mesmo o que agrada a outros, e quase sempre estão equivocados (e não raras vezes são bem pagos para controlar opiniões alheias). Outros gostam de ouvir ou ler tudo, a fim de formar suas convicções e expressar ideias com autonomia.

Durante o tempo em que frequentamos o Ensino Médio, um colega que não se deixava influenciar por opiniões alheias, menos ainda as dos professores, afirmava: "*Machado de Assis? Que nada! Dizem por aí tanta coisa sobre ele, que é o maior, o melhor. Não sou dessa opinião. Li muitos dos seus romances, e de alguns não consegui chegar à última página, pelo aborrecimento, o tédio e o insoso do tema, coisas de gente desocupada e da classe média. Todavia, um excelente contista, chegando mesmo a ser genial em alguns deles".*

Respeitamos a opinião do colega – mesmo pensando diferentemente – porque todos temos o direito de expressar livremente as opiniões, ou ao menos de tê-las no recôndito da alma. Não existe nenhuma obrigação em aceitar conclusões alheias, sem o exercício da inteligência, a não ser que nos seja conveniente calar. E a maioria dos seres humanos sempre se deixou levar por essa última razão. Nosso colega ousava emitir sua opinião. Não temia ser considerado tolo, pois para ele pensar era mais importante que viver. E dizia: *"A árvore vive, o lobo vive, a andorinha vive. Porém, somente o homem pensa!".*

Afirmava J. Xisto: *"Que as minhas conclusões sejam encontradas por mim. Não preciso de ninguém que me diga o que me agrada ou do que devo gostar. É próprio dos néscios a leitura da crítica literária".*

Dava gostosas gargalhadas, e retirava da biblioteca um livro onde encontrava a fábula *A roupa nova do rei*, da qual lia bons pedaços, afirmando que, embora essa história seja muito conhecida, a maior parte da humanidade quase nada aprendeu dela, pois não quer ser considerada tola: *"Somente os idiotas não enxergam a roupa nova do rei!".*

Reflito: "Talvez porque, conhecendo-se bem a natureza humana, seja mais conveniente pensar como todo mundo pensa".

Nem todos concordavam com tudo o que ele dizia. Mas sabia-se que o comportamento que pretendia despertar em seus alunos era justamente o de não concordar com todas as ideias, como fazem as "vaquinhas de presépio", que não pensam. O que ele desejava ensinar era a reflexão, o diálogo, a busca do saber interrogar, e a posse do mais puro dos conhecimentos, a elevação da alma, porque era assim que ele fazia.

Na humanidade existe um modo, digamos normal, de conseguir e conhecer as coisas, e um modo fora do normal (o que não significa ser ele anormal!) de chegar ao mesmo objetivo. Alguns poucos ousam caminhar por essa estrada. Mas afirmo que só existe essa estrada, e não há outra (pois aquela é ilusão!), embora muitos se imaginem normais.

Ler e escrever

No campo da literatura existem os que mandam, os que obedecem e os que discutem. Os que mandam acham-se os normais e corretos. Os que obedecem, pensam pouco. Os que discutem, esses é que fazem o progresso em todos os níveis e sentidos.

Para discutir é necessário saber. E para saber, é necessário ouvir ou ler. Segundo J. Xisto, somente Maria estava no bom caminho. O Mestre também o disse: "Ela escolheu a melhor parte, e essa não lhe será tirada".

A importância da literatura para o ato de escrever com autonomia

Ler e escrever são duas atividades dependentes. Aprende-se melhor a ler, escrevendo; e só se aprende a escrever, escrevendo. Em suma, aprende-se a escrever, lendo.

Portanto, essas são algumas das utilidades da leitura:

1ª) Para ler cada vez melhor;
2ª) Para entrar em contato com o mundo do saber;
3ª) Para pensar e escrever com autonomia.

Sabe-se que uma das mais importantes leis da aprendizagem é: Só se aprende a fazer, fazendo!

Portanto, só se aprende a escrever, escrevendo. Só se aprende a ler, lendo.

Esta é a tese do presente capítulo: a importância da literatura para o ato de escrever com autonomia.

Afirmamos logo que a gramática – como é ensinada por alguns mestres, como tendo um fim em si mesma – não tem valor. A finalidade da gramática não reside nela, porém, no texto, no período, na frase e nas palavras. Em última instância, é a literatura que conta, e não o gramaticismo. Certamente, é importante conhecê-la; mas a conhecemos melhor no seu lugar, ou seja, nas palavras, nas frases, no texto e no contexto. Debruçados sobre um texto qualquer, apreendemos sua estrutura, inclusive aquela gramatical. Loucura seria afirmar que a gramática não tem nenhum valor. Porém, o texto mesmo cria a gramática, normatiza a língua, a fim de que seja melhor entendida e aplicada. As regras sofrem alterações, porém, a língua permanece até o momento em que for útil, enquanto estiver viva; e, como todo vivente, sofrendo alterações.

Em toda língua moderna existem autores que contribuíram na formação da mesma, com seus textos e obras. Para a formação da estrutura e da gramática da língua italiana, entre outros, são famosos São Francisco de Assis (Cântico do Irmão Sol), Dante Alighieri (A Divina Comédia) etc. Na língua portuguesa, Camões. No espanhol, Dom Quixote de la Mancha, de Cervantes. Desse modo é possível claramente concluir o seguinte: a literatura cria necessariamente a gramática, e não o contrário.

Portanto, um caminho aberto para os autodidatas: ler muito, ler sempre, ler para saber como fazer, não só os instrumentos e as coisas, mas a própria língua.

Maiêutica

Outrora se imaginava que o papel do educador ou professor era fundamental. Dele dependia ou não a aprendizagem. Concebia-se a educação como preencher os espaços em branco na mente do educando. Aliás, pensava-se que todos nascíamos em branco, ou seja, sem conteúdo pensante algum. Ao educador cabia a missão de colocar coisas (boas!) nas cabecinhas vazias, patrocinando sua formação. Até este vocábulo "formação" tem sua razão de ser, pois educar consistia em colocar cada um na forma e em forma.

Mudou o conceito ou nós é que mudamos?

As duas coisas, no momento em que se percebeu o erro. Mas não foi uma descoberta moderna. Data da antiguidade. Nós é que não queríamos vê-la. Jesus Cristo, o maior educador que passou pela face da terra, ensinou a respeito de como tratar as crianças: "Quem não se tornar pequeno como uma criança...".

Antes dele, Sócrates já comparava seus ensinamentos com a arte da parteira, ou seja, a maiêutica: "Tenho isto em comum com as parteiras: sou estéril de sabedoria...".

A maiêutica, portanto, como arte de trazer à luz conhecimentos que se formam na mente dos discípulos, está mais próxima do que se concebe, atualmente, como educação.

É justo pensar que toda educação é uma autoeducação. O sujeito é o próprio autor do seu saber, uma vez que o papel do educador é o de auxiliar o aluno na descoberta de tudo o que ele pode saber, se o quiser, e com esforço pessoal. O contrário seria lavagem cerebral, grande perigo na sociedade contemporânea e nos governos totalitários, em que se pensa que o responsável por toda a educação é o Estado, e não a família e a religião.

Autodidatas

Alcançamos aqui a parte central deste capítulo, que é a da importância da literatura na aprendizagem e na escrita. Que não se concebe o saber verdadeiro, sem a leitura e a reflexão. Que é preciso conhecer diretamente aquilo que outros escreveram, para também se escrever com autonomia e com prazer.

Se queremos nos transformar em escritores que possam ser lidos, ou ao menos em escritores convincentes, e que produzam prazer com os textos elaborados, precisamos conhecer os modos e caminhos para isto. Só o saberemos lendo outros autores, aproximando-nos ou afastando-nos deles, ou seja, dos seus estilos e de suas técnicas, criando um estilo e uma forma pessoal de dizer a mesma coisa e expressar o mesmo sentimento de maneira atualizada.

Para aprender é preciso ouvir. Não se dispensa o ouvido na arte da literatura. Todo discípulo e escritor deve saber escutar, a fim de despertar suas potencialidades. O ouvido aguça a curiosidade, e sem esta não é possível trasnsformar-se em bom autor, em escritor de qualidade.

Escreveu J. Xisto:

> No Monte da Transfiguração, durante a teofania, ouviu-se a voz de Deus que disse: "Este é o meu Filho Amado: escutai-o". Ora, o papel do discípulo é escutar. Escutar a voz da experiência, a voz daquele que, também pela escuta, reflexão e estudo, quer nos conduzir ao saber pelas mesmas vias. Existe outro modo de ouvir, que é ouvir no silêncio, a palavra que nos é dita por meio de sinais gráficos e signos. Ler é outro modo de escutar. Uma biblioteca contém centenas de mestres, esperando para nos falar.

Tudo isto ele o dizia aos alunos, diante de sua esplêndida biblioteca.

A importância da literatura para o ato de escrever com autonomia

Ler e fazer, fazer e ler são condições para a aprendizagem. Vale a pena relembrar: Só se aprende a fazer, fazendo. Toda educação é uma autoeducação. Desse modo, muitas pessoas conseguiram, por autodidatismo, dominar um tema, um instrumento, uma técnica, inclusive alcançar a conversão, ou seja, a mudança de vida. Inácio de Loyola, após a leitura de livros que alguém lhe forneceu, mudou completamente de vida, deixou a leviandade e a vaidade, e buscou um ideal, a realização de um bom plano, o que o fez levar em consideração também a vida dos outros. É também para isso que todos nós pensamos.

Bento de Núrcia recomenda, na Regra que escreveu aos monges, a leitura de alguns livros. Santa Teresa de Ávila também. Ou seja, aqueles que compreendem a grandeza do ser humano, recomendam coisas boas.

Alguns autodidatas famosos:

• Helena Meireles: instrumentista semianalfabeta, aprendeu praticamente só a arte musical, treinando nas horas vagas, às escondidas – pois o pai não a queria violeira, o que lhe parecia ser coisa própria do sexo masculino.

• Zabé da Loca: pifeira da Paraíba, aprendeu, sem mestre, a arte do pífano, sendo considerada um fenômeno neste campo artístico.

• Machado de Assis: alguns o tem como o maior escritor brasileiro. Também foi autodidata.

• Humberto de Campos: autodidata, pertenceu à Academia Brasileira de Letras. Escreveu dezenas de livros.

- Teresa de Jesus: espanhola do século XVI (nasceu no dia 28 de março de 1515, em Ávila, e fundou a Ordem dos Irmãos Descalços da Virgem do Carmelo). Não frequentou nenhuma universidade. Em seu tempo, estudo assim era destinado a poucos, sendo exclusivo do sexo masculino. Todavia, era mulher de vastos conhecimentos. E os adquiriu, primeiro, porque era inteligente e interessada. Na casa paterna valorizava-se o saber. O pai, Alonso de Cepeda, adquirira bons livros e os tinha em sua biblioteca. Incentivava os filhos à leitura dos livros recomendados. Não olhava, porém, com bons olhos o interesse de sua família pelos romances e aventuras de cavalaria. Nem tudo é perfeito! Suportava o costume da esposa, Beatriz, que os apreciava. Teresa também manifestou interesse por tais aventuras, e, para não desgostar o senhor seu pai, lia-os às escondidas. Consta que a mocinha, naquele período de curiosidade própria da juventude, escreveu um romance de cavalaria, que foi declarado por aqueles que o leram como sendo muito bom. Bastante inteligente, acima do normal, e interessada em aprender, lia assiduamente e interrogava os mais capazes e "letrados". Embora nunca tenha sido estudante universitária, valorizava decididamente quem passasse por uma boa universidade. Tornou-se famosa aquela sua atitude de "consultar os universitários", os doutores, os acadêmicos, a quem chamava de letrados. Seus amigos eram homens santos, capazes e, na maior parte das vezes, também intelectuais: santos e letrados! Teresa possuía excelente cultura, aprendera a administrar, escrevia muito bem, não tinha medo de se expressar verbalmente ou por escrito (certamente não foi aterrorizada por professores de gramática, uma vez que não os teve). E que ideias geniais apresentou. O que garantiu a Teresa conhecer mais do que o comum das mulheres, era seu interesse, seus questionamentos e, principalmente, suas leituras. A literatura, portanto, a capacitou para que escrevesse com autonomia. Dizia sofrer muito quando não tinha um livro novo para ler.

Programa de aprendizagem

A escola nem sempre ensina o que se quer aprender. Melhor dizer-se: a escola não incentiva o que se quer, com ela, nem a busca do que agrada. Para constatar tal realidade, basta ver o que muitos professores fazem com a literatura, que deveria ser um prazer, mas se transforma em peso.

Recordamo-nos agora daquele tempo longínquo, quando frequentávamos o Ensino Médio. Detestava disciplinas com os seguintes nomes: química, física, estatística. Durante tais aulas, trazia comigo um livro, um belo e interessante romance, o qual lia gostosamente meio escondido e meio alheio aos ruídos em torno. Lia quase um livro inteiro em cada manhã. Durante o ano letivo saboreei a leitura de dezenas e dezenas de boas leituras, assim o era ao menos para mim. Os colegas o percebiam. Talvez alguns deles tenham ido dizer aos professores: "Ele passa a aula inteira lendo!". Um dia, um desses professores, sabendo da nossa atividade, chamou-nos a atenção: "O que você está fazendo aí meio escondido, e tão caladinho?". Continuei calado, porém, meio envergonhado pelo flagrante. "Responda-me. Diga-me assim: 'Estou lendo coisas muito mais interessantes do que as besteiras que você fala em sua aula!'". Continuei calado. De fato, o professor não falava nenhuma bobagem, mas tudo o que ele dizia não me interessava, e ainda continua a não me interessar.

Temos a consciência de que conseguimos aprender muito mais com o "nosso programa de aprendizagem pela leitura e pelo lazer" do que se tivéssemos prestado atenção àqueles professores. Muitos educadores imaginam que são eles o centro da formação e os detentores do saber. Mas estes mesmos já se perguntaram alguma vez se os alunos estão interessados em aprender o que eles imaginam poder ensinar?

A maioria dos alunos passivamente se coloca à mercê dos professores que ensinam unicamente para se fazer um bom exame de vestibular. Química, física, matemática e gramática são o foco dessa formação. Ou seja, aprende-se o que não se quer, simplesmente para um exame que não prova coisa alguma, mas que tem o poder de o colocar numa universidade.

Assim, a formação continua sendo superficial, de acordo com a superficialidade de alguns muitos formadores. Meio rural e agrária.

Joseph Campbell,[3] estudioso e pesquisador norte-americano, especializou-se em mitologia e religião. Na in-

---

[3] Mimeo.

fância o pai o levou para ver as coleções de história natural na cidade de Nova York. Admirando os artefatos, ali existentes, da cultura dos índios nativos americanos, motivou-se a especializar-se nos múltiplos aspectos da sociedade do seu país. Isso o levou a pesquisar sobre as aparentes semelhanças entre as mais diversas culturas humanas. Após formação inicial, graduou-se em literatura inglesa em 1925, concluindo o mestrado em literatura medieval em 1927. Depois de estudar na Europa (francês antigo, na Universidade de Paris, e sânscrito, na Universidade de Munique), regressou aos Estados Unidos e, ao ver negados pela sua univerdade os pedidos para realizar novos estudos, resolveu não ir adiante com o plano para o doutorado. Retirou-se nas montanhas no interior do estado de Nova York. Durante cinco anos leu profusamente, todos os dias, farto material. Mais tarde afirmou que sua verdadeira educação deu-se ali, pois conseguiu desenvolver uma visão ímpar da natureza de todas as coisas e da vida. Criou para si um programa sistemático de leitura (nove horas por dia). Segundo ele, um programa muito mais rigoroso e mais rico do que qualquer programa acadêmico que tivesse feito. Foi também atleta, recebendo vários prêmios. Faleceu aos 83 anos, no dia 30 de outubro de 1987.

Literatura, um dever

Quando a literatura é um dever, talvez seja também um prazer. Para o teólogo, dever e prazer caminham juntos. Para o filósofo e o cientista, quem sabe são a mesma coisa.

Porém, muitas e muitas vezes durante a vida, por diversas razões, tem-se a leitura como dever, como carga pesada, para a qual haja coragem no suportá-la. E esse dever talvez não produza imediato prazer, trazendo-o, porém, mais tarde, em razão dele e somente por ele. Para Campbell, a literatura tornou-se dever, devido a seu programa sistemático de leitura, mas um dever prazeroso. Necessária é a boa vontade e o método, os quais nem sempre geram prazer imediato. Todavia, o resultado final faz a diferença, e o futuro trará a recompensa, em forma de grande prazer para aqueles que sabem ao menos alguma coisa proveitosa, conquistada com o auxílio de uma decisão firme, ou *decisão decidida*, expressão teresiana para uma firme resolução.

Literatura, um prazer

A melhor parte da vida é o prazer, a felicidade. A finalidade da vida é a conquista da felicidade. Fomos criados para ela. A vida feliz, como escreveu Santo Agostinho, é a razão da existência humana.

O prazer, igualmente, é a melhor parte da literatura. No caminho da felicidade concorrem muitas coisas e sentimentos. O convívio fraterno, a busca do bem, a amizade, a vocação ao trabalho, a dedicação ao ofício, a contemplação da beleza, a presença de Deus. Em tudo isso se pode encontrar a literatura. A literatura, portanto, pode ser um prazer, tanto ao ouvido quanto à mente. Essa é a melhor parte, e ela não nos será tirada – uma garantia divina.

Afinal, talvez exista para o ser humano somente este caminho: o Paraíso!

Diplomação

Efetivou-se um programa de formação no qual somente aqueles que passaram pelos bancos escolares são declarados capazes para o exercício de uma vocação ou profissão. Eis uma falsa premissa. As escolas e, mais do que as escolas, as universidades se gabam do poder de afirmar a respeito de alguma pessoa, que ela está preparada para a vida ou não, se por ela tiver passado. Quase se endeusa afirmando que a felicidade consiste em ser chato, pedante ou arrogante, com titulação e diplomas. Conhecemos algumas dessas pessoas. Uma, em especial, ao ouvir que a chamavam de dona Fulana (era uma mulher!), declarou: "Dobre esta língua ao falar comigo. Dona, não. Sou Doutora Fulana de tal".

O que é a universidade? Em sua origem o vocábulo "universidade" não designava um centro de estudos, mas uma associação ou agremiação corporativa protetora dos interesses da gente ligada ao ofício do saber. Quando então se empregou *universitas* (do latim *universus-a-um = todo, inteiro, universal,* derivado de *unus-a-um = um),* designava qualquer comunidade ou corporação olhada do ponto de vista coletivo. A palavra, como nós a temos hoje, para ser compreendida outrora, necessitava de um acréscimo, assim: *Universitas Magistrorum et Scholarium.* De modo que, com o tempo, tudo ficou reduzido apenas ao vocábulo *"universidade"*. Atribuiu-se à universidade o caráter de *Alma Mater*, ou seja, aquela que conduz o ser humano à transformação e crescimento por meio do saber científico.

Mais uma contribuição do pensador autônomo J. Xisto:

> Portanto, acredita-se que todo aquele que aspira ao saber, necessita obrigatoriamente passar pela universidade. Todavia, quando algum sujeito prova ser capaz, mesmo não tendo frequentado seus cursos, ela o absorve dando-lhe, às vezes, o título de doutor, ou açambarcando-o com a sedutora declaração de Doutor *Honoris Causa*, locução latina cujo significado é "Doutor por causa da honra", usada em títulos honoríficos concedidos a pessoas importantes, que não necessariamente sejam portadoras de um diploma universitário, mas que se tenham destacado em alguma área do saber e do fazer. O que a universidade não pode suportar é o fato de que alguém seja sábio e instruído, não tendo sido formado nela e por ela. Nesse caso, sabiamente se apossa do saber do sujeito, e o chama para si, declarando-o doutor, mas doravante um doutor feito por ela.

O que J. Xisto quis demonstrar – o fato evidente – é que não é a universidade que faz o sábio, mas o próprio sujeito, uma vez que ele é o agente de sua formação, levando em consideração que toda educação é autoeducação. A universidade, como incentivadora do saber (e não sua proprietária!), necessita de mais humildade, daquela humildade que conduz à verdade, como afirmava Teresa de Jesus: *"A humildade é a verdade!"*.

Em todo caso a literatura, abraçada com carinho e coragem (Campbell lia nove horas diariamente, eis uma grande demonstração de força de vontade), transforma o ser humano, capacitando-o ao menos a escrever com autonomia. É a força da literatura que cuida de iluminar novos escritores e de fazer doutores de verdade.

Referências

NOGUEIRA, Roberto. *Dicionário de Literatura Cristã e Judaica*. Recife: Edição do Autor, 2008.

_____. *Dicionário do Universo Teresiano*. Recife: Edição do Autor, 2009.

XISTO, J. Escritos inéditos. (mimeo.).

Capítulo 9
Panorama das grandes correntes linguísticas do século XX

BRUNO CARNEIRO LIRA[1]

Dedico à professora Lyana Jacqueline de Vasconcelos Salgues,
supervisora pedagógica do IESO, FACCOR e FACIR,
e aos meus coordenadores de cursos:
Ângela Basante de Campos, Valéria Barros
e Sérgio Prazin, pelos votos de confiança
e os incentivos para com os meus textos.
Aos professores Alliny Rosendo Isaac,
Eduardo Santana e André Alexandre Felipe,
pelos exemplos de pesquisadores,
como também à minha estagiária
Marcella Thaiane.

Aos amigos Dra. Maria José de Souza Ferrera
e Adahir Ferrera, pelas gentilezas,
como também, sempre agradecido,

---

[1] As mesmas referências biográficas da nota de rodapé do capítulo primeiro deste compêndio.

> ao amigo Alex Herculano
> e a toda a sua equipe do Salão Spazzio.
> Aos amigos Antônio Fernando da Silva Gayoso
> Filho e Paulo Eduardo de Vasconcelos Àvila,
> da Academia HI,
> pelo exemplo de profissionalismo.
> Às minhas amigas Misa Lilioso de Lucena
> e Nininha Ramos Tavares,
> sempre lendo e admirando os meus escritos.

O século XX, como já anunciamos na chamada deste capítulo, estruturou-nos as duas mais importantes correntes da linguística que fundamentam, de certo modo, o pensamento hodierno: o FORMALISMO e o FUNCIONALISMO. A primeira identifica-se, como o nome já indica, com o rigor das formas lexicais e gramaticais e, também, com uma preocupação marcada no que concerne aos órgãos fonoarticulatórios.

Há alguns autores importantes que se afiliaram a esse pensamento. Bloomfield, na primeira metade do século XX, influenciado pelo behaviorismo de Skinner, traz para a ciência linguística a concepção mecanicista de linguagem, ou seja, a língua é um conjunto de código, que já está pronta e precisa ser aprendida e adaptada aos contextos de uso daquela única maneira. Nessa linha, deparamo-nos ainda com Harris, que trata do *distribucionismo* como sendo a generalização de um método que passa a dar conta do funcionamento da linguagem a partir de suas características fonêmicas e morfológicas; quanto ao transformacionismo, acentua a estrutura da frase e do discurso.

Outro autor dessa teoria é Pike, com estudos realizados na segunda metade do século XX, sempre focado nas formas gramaticais, o qual assume o behaviorismo de Bloomfield e afirma que a linguagem, própria do comportamento humano, é dividida em unidades: os fonemas, os morfemas, os grafemas, as palavras... Atribui-se a ele o vocábulo *"Tagnema"*, como sendo uma unidade linguística dotada de quatro características: o lugar do segmento linguístico, a classe, a função e o processo de coesão.

Outro expoente dessa corrente é o teórico Noam Chomsky, que, na década de 1960, criou a teoria das estruturas linguísticas centrada na sintaxe, organizando a gramática em três níveis: estrutura sintagmática, estrutura transformacional e estrutura morfonológica. Para ele o ser humano já nasce como um pequeno linguista, pois é portador de uma gramática universal (GU), precisando, apenas, de uma maturação para apurar as suas estruturas. Esse autor acentua os aspectos fonéticos/fonológicos, morfológicos e sintáticos da língua; portanto, uma teoria baseada nas formas e estruturas. Os adeptos dessa corrente mostram a língua como algo já pronto e impassível de mudança, podendo ser determinada, homogênea e individual.

Por outro lado, o FUNCIONALISMO surge como uma corrente menos rígida e mais aplicada às realidades dos falantes, já que são estes que dão sentido às línguas. Suas teses, portanto, fundamentam-se na função primordial da linguagem, que é a de comunicar. Já dentro do próprio conceito de comunicação, tem-se a interação dialógica e a importância dos interlocutores nos atos de fala ou escrita. Um dos autores dessa corrente é Martinet, que, em 1989, escreveu a obra: *Função e dinâmica das línguas,* trazendo todas as suas teorias funcionalistas. Para ele, os enunciados linguageiros são analisados à medida que contribuem para o processo de comunicação, o qual se constitui de uma troca verbal entre os protagonistas da comunicação (interação entre o emissor e o receptor, em que cada um poderá trocar de papel durante o decorrer do discurso). Cria a teoria do *monema,* que tem a mesma ideia do signo linguístico apresentado por Saussure, um composto de significante (elemento material e acústico do vocábulo) e significado. Estuda os aspectos sintáticos e morfológicos, mas acentua as questões de semântica, ou seja, o que vale são os sentidos dos discursos em seus contextos funcionais de produção e recepção.

Outro teórico que se sobressai entre os funcionalistas é Halliday, que, em 1973, publicou uma *gramática funcional* de abordagem sociofuncional da linguagem. Traz, portanto, a ideia de *metafunção,* que seria a relação entre as formas linguísticas e seus contextos sociais, ou seja, os segmentos linguísticos não se explicam por si só, mas dependem de seus contextos de uso. Estudou, também, a frase numa perspectiva funcional em dois momentos: a *estrutura sintática,* que seria a teoria do tema/rema, ou seja, este último é uma reflexão em que se trazem novos elementos do tema para aprofundá-lo e, assim por diante, até se chegar a outro tema ou tópico que, também, terão os seus "remas". O outro momento é a *estrutura de informação,* que, para ele, são os aspectos prosódicos dos segmentos: altura, entonação, duração, tonicidade... Tudo influenciando o processo de compreensão linguística. Este autor já aponta para uma linguagem textual com abordagens pragmáticas (contextos sociais de usos linguísticos).

Outro funcionalista é Roman Jakobson, que, na década de 1970, criou a teoria dos processos comunicativos, em que determinada mensagem, para ser bem transmitida e entendida, necessita de um emissor e um receptor em constante conexão. Entre esses dois interlocutores situa-se a mensagem a ser decodificada, para tanto se necessita de um canal ou veículo por onde ela passe (linguagem, TV, voz, gestos, rádio, suportes de textos escritos) e um código que seja comum aos interlocutores, como, por exemplo, a língua. Segundo Paveau e Sarfati (2006), o autor trabalha, também, com a relação som e sentido e defende a tese de que as mensagens possuem relações internas (o código linguístico) e externas (os contextos sociais). Em sua teoria, ainda faz uma classificação binária das formas de linguagem em: poesia (com a presença das metáforas) e prosa (com o acento das metonímias); a primeira forma própria da corrente literária do Romantismo e a segunda, do Realismo.

Influenciadas pelo funcionalismo, nasceram as teorias enunciativas e discursivas da linguística, que põem o *sujeito* no centro do processo. As teorias enunciativas contemplam dois momentos: a *enunciação* (momento histórico da produção textual) e o *enunciado* (aquilo que foi dito ou escrito por influência do instante da enunciação). Essas teorias desejam estudar os atos de fala na situação real de comunicação. Émile Benveniste (década de 1970) é considerado o pai da teoria da enunciação. Acentua, portanto, a enunciação e o contexto sócio-histórico de produção dos falantes, como também Bally e Bakhtin, que o precederam, centralizam seus estudos nos processos sociais de enunciação. Como vemos, os teóricos da enunciação colocam o sujeito no centro dos atos de fala, enquanto os estruturalistas e gerativistas o ignoram. Ainda, como teóricos da enunciação, podemos destacar Oswald Ducrot e Dominique Maingueneau, cujas teses vamos aprofundar logo mais. Vale lembrar, aqui, a importância de Michel Foucault ao tratar o discurso em sua origem como um "monumento histórico", desenvolvendo a teoria da arqueologia do discurso, sua importância sociológica e a presença dos enunciados reitores que não se preocupam com discursos de determinados indivíduos, mas de grupos sociais, como, por exemplo: discursos religiosos, discursos políticos, discursos indígenas...

As teorias discursivas surgem a partir dos anos 1970, centralizam-se no *texto* e se subdividem em três blocos: a linguística textual, a análise do discurso e a semântica de texto. A *linguística textual* tem como fundamento a Escola de Paris, Labov (com o estudo das narrativas orais) e Goffman (com suas reflexões sobre a conversação). Esses autores estudam o texto para além da frase que, tomada de maneira isolada, é quase sempre desprovida de sentidos. Segundo Paveau e Sarfati (2006), Halliday e Hasan tomam o discurso como uma unidade semântica que se torna como que o cerne da linguística de texto. Já Adam (final do séc. XX) trata da evolução da linguística de texto em três aspectos: segmentação, ligações e pragmática, sendo que o discurso seria a união do TEXTO + CONDIÇÕES DE PRODUÇÃO (e seus contextos), e o texto seria a junção do DISCURSO + CONDIÇÕES DE PRODUÇÃO (no caso, desprovido de contextos).

Outro teórico da linguística textual é Van Dijk, que propõe uma gramática textual em três níveis de textualidade: um microestrutural, que seriam as unidades semânticas de base; um macroestrutural, que são os enunciados maiores e sucessivos, e um superestrutural, que são os tipos e gêneros textuais. Aqui no Brasil, a grande expoente da linguística de texto é a professora Ingedore Koch, que a divide em três momentos: coesão e coerência, progressão temática (teoria do tema/rema, como já vimos) e tipologia textual.

A *análise do discurso* (AD), surgida no final dos anos 1960, tem Dominique Maingueneau como seu teórico básico. Este trata dos discursos diretos (com a presença dos interlocutores) e dos indiretos (outra pessoa falando fora de cena), portanto, em terceira pessoa. Esses estudos apoiam-se no campo das ciências humanas como a história, filosofia, sociologia, psicanálise, literatura etc., sendo, assim, uma teoria transdisciplinar.

A *semântica de textos* tem Rastier como seu representante, o qual coloca, também, o texto como objeto principal de estudo da linguística. Este, o texto, é uma unidade semântica provida de um componente temático, um componente dialético, um componente dialógico e um componente tático (linearidade das unidades semânticas).

Ainda no século XX acontece uma grande virada paradigmática, constituindo-se de importância os sentidos dos textos e seus contextos pragmáticos. Surge, portanto, a PRAGMÁTICA, com os estudos de Wittgenstein (primeira metade do séc. XX), que traz para os estudos linguísticos a importância da língua em seus contextos sociais de uso, propondo a adequação linguística às diversas situações. Contexto e cultura, agora, estão presentes e são decisivos em todas as circunstâncias de fala e escrita. Temos, aqui, duas importantes vertentes: a *teoria dos atos de fala,* proposta por Austin, e a *pragmática integrada,* ensinada por Oswald Ducrot. A primeira trata do ato de dizer como *ato locucionário,* que seriam os segmentos linguísticos orais ou escritos, e a *força ilocucionária,* que são os suprassegmentos (elementos da prosódia). Esses atos se unem a três condições: linguísticas, sociológicas e psicológicas. Já a segunda vertente, de Ducrot, aprofunda os processos interpretativos a partir dos sentidos implícitos, que sempre acionam os conhecimentos prévios e compartilhados. Tal dimensão implícita dos sentidos apresenta-se de duas maneiras: os PRESSUPOSTOS relativos à produção textual, cuja compreensão vem a partir de um *componente linguístico,* e os SUBENTENDIDOS, ligados à recepção textual a partir de um *componente retórico*, ou seja, um conhecimento cultural de mundo. Citemos o seguinte exemplo: *"Ele se tornou um padre"*. O pressuposto seria que antes ele não era. O componente linguístico que nos faz chegar a essa conclusão é o verbo *tornar-se*. Já os subentendidos seriam: foi considerado vocacionado, estudou muito, teve dinheiro para comprar livros, foi aceito pelo bispo e colegiado de reitores, foi aprovado nas disciplinas filosóficas e teológicas... Ainda, quanto à virada paradigmática, temos os estudiosos da Escola de Palo Alto (Califórnia – USA), que acentuam os contextos sociais, a cultura e os paradoxos em suas dimensões históricas. Como vemos, o texto hoje não poderá ser mais estudado de maneira isolada, mas sempre em relação a seus contextos de produção, recepção, sem se esquecer da adequação linguística.

Depois de tudo que foi posto, diremos, ainda, que existe uma maneira de conciliação entre o formalismo e o funcionalismo, desde que as duas teorias não sejam tomadas e assumidas em sua radicalidade, mas uma complementando a outra.

Mesmo já tendo tratado dos gêneros textuais, em vários pontos de vista, no primeiro, no terceiro e no sétimo capítulos deste livro, vale a pena ainda nos deter em alguns elementos da teoria e prática dos mesmos. Os gêneros de textos são as manifestações linguísticas orais ou escritas do cotidiano. Para Marcuschi (2008), o estudo deles mostra o funcionamento da sociedade, pois toda forma textual se realiza nos gêneros. Tem-se que ter o cuidado de não confundi--los com os seus suportes. Quanto a estes, temos os *conven-*

cionais como: livro, jornal, revista, rádio, telefone, faixas, outdoors... e os *incidentais* como: corpo tatuado, parachoques de caminhões, paredes, portas de banheiro, muros... Os gêneros textuais possuem, portanto, uma forma e uma função social bem definidas, variando conforme as culturas. Surgem na literatura com Platão (na poética) e com Aristóteles (na retórica), e depois foram assumidos pela linguística. Os cinco tipos textuais: narração, dissertação, descrição, injunção e exposição, se manifestam nos gêneros.

Para Marcuschi (2008) não há dicotomias entre gêneros e tipos, mas existe uma intergenericidade, como, por exemplo, um artigo científico escrito em forma de poema ou uma publicidade em forma de bula de remédio e uma heterogeneidade tipológica com a presença de vários tipos de textos no mesmo gênero. O autor distingue, ainda, evento de gênero. O primeiro seria algo maior, o macro, como: uma partida de futebol, uma audiência no tribunal, a celebração de uma missa. Já os gêneros seriam as várias formas de textos que provêm desses eventos, por exemplo: narração oral do jogo de futebol, uma homilia na missa, cantos litúrgicos, sentença judicial etc.

Para Bronckart, Dolz e Shcneuwly, os gêneros formais públicos, como: sermão, conferência, debates televisivos, são objetos de ensino. Esses autores propõem sequências didáticas para o estudo dos gêneros, seguindo os princípios da linguística textual (coesão, coerência, análise linguística, ortografia, tipologia, progressão temática...). Bronckart (2001), na obra *Ensinamento dos discursos,* sugere uma sequência didática para a produção textual em quatro fases: 1) elaborar um modelo didático (escolha do gênero); 2) identificar as capacidades cognitivas já adquiridas; 3) elaborar e conduzir atividades de produção textual, a partir de vários módulos (etapas); 4) avaliar as novas capacidades adquiridas.

Este capítulo teve como finalidade fazer uma retomada de todas as teorias que perfizeram este compêndio, propondo que o ideal seria a união entre as perspectivas formalistas e funcionalistas, sem radicalismos.

Como se vê, o importante é saber utilizar a língua no momento certo, nos seus contextos adequados, sem nunca esquecer os destinatários e objetivos de nossos textos, pois é a partir daqui que selecionamos o gênero, seu suporte, o tipo textual, como também a função da linguagem que vamos escolher para bem comunicar, finalidade última de todo ato linguístico.

Referências

MARCUSCHI, L. A. *Produção textual, análise de gêneros e compreensão*. São Paulo: Parábola Editorial, 2008. PAVEAU, M. A.;

SARFATI, G. E. *As grandes teorias da linguística: da gramática comparada à pragmática*. São Paulo: Claraluz, 2006.

O último verso

BRUNO CARNEIRO LIRA

Chegamos ao último "verso" destas reflexões linguísticas sobre o ato de ler e escrever com proficiência. O que dizer diante de tudo que já foi dito? Primeiramente, creio, seria interessante ressaltar a importância social e a atualidade da temática. Ler e escrever bem são conquistas que se perseguem ao longo de toda uma vida. O entendimento pleno dos vários textos é adquirido a partir das várias leituras realizadas nos mais diversos suportes, gêneros e tipos textuais. Para isso, é imprescindível os livros de consulta especializados ou mesmo os dicionários, que sempre acrescentam e preparam para o entendimento de outros textos. Portanto, uma teia: uma coisa puxa a outra. Com relação à escrita, grande parte da sua aprendizagem vem pela prática, pois escreve bem aquele que escreve. Vale lembrar aqui que não é aquela primeira versão a ideal, pois, em um primeiro momento, devem-se privilegiar as ideias, ou seja, o plano do conteúdo e seu destinatário. Todo texto passa por um processo de revisão do seu próprio autor e, se possível, de uma outra pessoa que tenha a competência para tal atividade, observando, primeiramente, o princípio da clareza, já que se escreve para outrem, e este tem que compreender a mensagem em sua plenitude; por isso mesmo que os melhores textos são aqueles de fácil compreensão. Portanto, a refacção textual é fundamental para se chegar à versão final.

Os autores que "desfilaram" por aqui e contribuíram para a produção desta obra tocaram em pontos variados que enriqueceram a reflexão sobre esses dois processos que são aprendidos, formalmente, após a aquisição inata da oralidade. Assim, fomos motivados pelo ideal de escrever através do texto do preâmbulo; "viajamos" pelos diversos gêneros textuais escritos e orais; fizemos um "passeio" pela história da língua portuguesa; passamos pela experiência de uma intervenção didática a partir dos gêneros: conto, crônica e memória; aprofundamos a relação da linguagem oral, escrita e visual nas histórias em quadrinhos; vimos a inter-relação das áreas do saber no processo de ler e escrever através da parceria das aulas de ciências e língua portuguesa. A intertextualidade foi apresentada como um dos fatores constitutivos dos textos e um processo que se adquire a vida toda a partir das diversas leituras, pois todo texto possui intertextos, e é, portanto, polifônico, dialógico e heterogêneo. Por sua vez, os gêneros e tipos textuais foram apresentados de maneira clara e prazerosa, inclusive com formas práticas de como se ter uma escritura e uma leitura proficiente, através de uma série de exercícios de interpretação dos vários gêneros de textos que circulam em nosso cotidiano. Também passou pela nossa visão a fundamental importância da literatura prazerosa para o ato de ler e escrever com autonomia.

Melo e Cavinato (2000, p. 59),[1] ao tratarem do ato de escrever, afirmam:

> Para alguns o ato de escrever é uma arte. Para outros uma grande dificuldade. Como escrever é uma ação individual, é possível muitas definições. Escrever pode ser simplesmente a redação de fatos interessantes, ou um meio de sucesso profissional, ou ainda, escrever pode ser um bom passatempo, como uma maneira de expressar suas ideias. (...) Não é necessário que sejamos grandes autores de obras famosas, pois, neste caso, escrever exige um pouco mais de esforço e talento. Não que isso não seja possível, pois, tudo aquilo a que nos dedicamos e fazemos com vontade torna-se possivelmente realizável, basta empenharmo-nos. O advogado, a professora, a secretária, o contador, o escriturário, todas as pessoas de um modo geral que dependem da escrita para seu sucesso, devem empenhar-se para serem redatores eficientes...

Como vemos, os autores acima veem de maneira otimista o ato de escrever, e apontam para o trabalho artístico, que é o talento de escrever bem, como também para o esforço e dedicação daqueles que desejam produzir bons textos. Portanto, quem quiser ser um bom produtor de textos escritos deve empenhar-se na redação, revisando-a e reescrevendo-a quantas vezes for necessário para se ter um texto claro, coeso, adaptado aos interlocutores, elegante, com correção e precisão gramaticais, livrando-se, assim, das ambiguidades, dos pleonasmos, ecos, prolixidade, cacofonias etc.

---

[1] MELO, Jeová Gomes de; MELO, Neusa Cavinato Gomes. *Redação:* o sucesso pela arte de escrever. Curitiba: PRONIC, 2000.

No âmbito da leitura e da escrita é muito valorizada a noção de contexto. Isso vimos ao longo dos capítulos de nossa obra. Tal contexto apresenta-se com duas vias: a que se liga ao autor no momento de enunciação, como também aquela ligada ao leitor que vai interpretar os enunciados a partir de seus conhecimentos prévios e contextos de mundo; por isso mesmo que as leituras são sempre recontextualizadas.

E o verso virou prosa e a prosa virou verso na mesma temática contextualizada e recontextualizada pelos autores e leitores de todos os tempos:

> *Agora Fabiano conseguia arranjar as ideias. O que o segurava era a família. Vivia preso como um novilho amarrado a mourão, suportando ferro quente. Se não fosse isso, um soldado amarelo não lhe pisava o pé não. (...) Tinha aqueles cambões pendurados no pescoço. Deveria continuar a arrastá-los? Sinhá Vitória dormia mal na cama de varas. Os meninos eram uns brutos, como o pai. Quando crescessem, guardariam as reses de um patrão invisível, seriam pisados, maltratados, machucados por um soldado amarelo.*[2]

Agora pensando ele segue outra tria
Chamando a famia começa a dizer
Meu Deus, meu Deus.
Eu vendo meu burro, meu jegue e o cavalo
Nós vamos a São Paulo viver ou morrer.

De pena e saudade papai sei que morro
Meu pobre cachorro, quem dá de comer?

---
[2] RAMOS, Graciliano. *Vidas secas*. 23. ed. São Paulo: Martins, 1969, p. 75.

O último verso

Meu Deus, meu Deus.
Já outro pergunta, mãezinha, e meu gato?
Com fome, sem trato, Mimi vai morrer.
E a linda pequena tremendo de medo,
"Mamãe, meus brinquedo, meu de fulô?"
Meu Deus, meu Deus.
Meu pé de roseira, coitado, ele seca,
E a minha boneca também lá ficou.[3]

Como se vê, há dois gêneros textuais: a prosa e o poema tratando do mesmo tema: a seca do Nordeste e as relações familiares. Ambos são intertextos temáticos e seu entendimento será pleno ao contextualizarmos suas linhas e entrelinhas, ou seja, os implícitos em forma de pressupostos e subentendidos. O autor e os leitores possuem sua visão de mundo, e essa, sem perder a ideia central, é diversificada a partir dos vários contextos de interpretação.

Ler é um processo constante de produção de sentidos, e escrever é fruto de nossas leituras e dos autores que escolhemos, pois, de certo modo, somos moldados por eles. Isso é o que desejamos que aconteça com os leitores desta obra. Com certeza, eles vão dar sentidos às nossas linhas, dialogando com elas, completando-as e dando-lhes vida.

E para encerrar, como fizemos no início, trazemos mais um trecho de Cury (2001, p. 44):[4]

---

[3] ASSARÉ, Patativa do. Fragmentos do poema: "A triste partida". Disponível em: <http://letras.mus.br/patativa-do-assare/1072884/>. Acesso em: 3 jul. 2012.

[4] CURY, Augusto Jorge. *O Mestre da vida*. São Paulo: Academia de Inteligência, 2001. (Coleção: Análise da inteligência de Cristo.)

> O amor recusa a solidão. Quem ama não aceita a perda, ainda que o tempo alivie parcialmente a dor da ausência. Quem não aprendeu a amar a sua vida, as pessoas que o rodeiam e aquilo que faz não entenderá a linguagem estranha e bela do amor. O mestre ensinou aos seus frágeis discípulos os fundamentos dessa linguagem. Perdê-lo era ficar sem o leme de suas vidas.

Concluímos nosso livro afirmando que amamos aquilo que fazemos e sentimos uma profunda alegria ao ver mais um trabalho realizado com a cooperação de tantos autores amigos. Nós, realmente, debruçamo-nos na reflexão do ato de comunicar nossas ideias e pesquisas através da linguagem verbal e não verbal a partir de seus inúmeros discursos e gêneros.

Durante todo o dia o ser humano produz textos orais e escritos com significância, e esta prática será sempre pesquisada e refletida na academia, pois o ato de falar e escrever nos constitui como pessoas de relação. Foi a língua, com toda a sua plurissignificação, que nos impulsionou à construção desta obra, e na variedade de seus sentidos, com certeza, a linguagem do amor falou mais alto e a solidão deu lugar ao diálogo frutuoso com o nosso texto. Aquela mesma linguagem amorosa do Mestre, o Senhor Jesus Cristo, que fez os soldados da coorte caírem por terra, no momento de sua prisão, ao livremente e sem nenhuma resistência deixar-se prender. É nesse sentido que entregamos nossas linhas à apreciação e complementos de nossos leitores.

Impresso na gráfica da
Pia Sociedade Filhas de São Paulo
Via Raposo Tavares, km 19,145
05577-300 - São Paulo, SP - Brasil - 2014